Minerva Shobo Librairie

「やらせ」の政治経済学
発見から破綻まで

後藤玲子/玉井雅隆/宮脇 昇
[編著]

ミネルヴァ書房

はじめに

　かつて「やらせ」ができるか否かは，大人と子供を社会的に峻別する１つの分水嶺であった。協力者に秘密裏に依頼して演出者が観衆（第三者）を誘導する方法が「やらせ」である。やらせは，家庭から政治社会にいたるまで，目的合理性の追求のために手段の不足を補う方法として受け継がれ，大人の伝統的技法として認知されていた。いわゆるサクラ（偽客）やおとりといった協力者は，あるときには無報酬で，別のときには高い社会的報酬を得た。編者の周囲にも，協力者を演じた経験を有さない大人はほとんどいないほどである。過去においては，新規開店の偽行列に始まり，デモンストレーションへの参加に至るまでやらせが横行していた。やらせは，日本だけではない。メディアや政治の世界のやらせを含めば，洋の東西を問わずやらせという技法が見られ，社会に馴致してきた。

　しかし，やらせは万能ではない。やらせという技法が利用されるのは，自由闊達な議論や競争では達成できず，政策目標の支持を調達しづらい状況においてである。やらせによって，たとえ一時的に目的達成につながったとしても，長期的には綻びをもたらし，矛盾に逢着する。また協力者が告発せずに裏切らなかったとしても，決定過程の真相が葬られる損失は大きい。なによりも意思決定過程の不透明さにより，次の政策決定に際して白日のもとで正論に挑む勇気をくじかせ，社会の発展を阻害する。

　やらせを容認する社会を古い社会とすれば，21世紀初頭を経て現在は，新しい社会に移行しつつある。21世紀は，やらせが発覚しやすい世紀である。透明性を拡大する世界的な民主化の波，情報の共有をもたらすインターネットの普及，ルールを行動規範として明文化して履行を迫る法化（法文化）社会の登場により，情報公開制度の拡大，加えて日本国内では公益通報者保護法による内部告発制度の認知とあいまって，やらせを行いにくい社会が到来した。公開性・透明性の原則重視により各国の公共政策の政策過程が再編成されている。

この新しい社会では，演出性の存在自体が批判され，やらせの温床となってきた秘密会合や「根回し」が徐々に敬遠されつつある。

　本書は，古い社会の技法であるやらせがなぜ発生し，いかに成功を収め，発覚する過程を政治学あるいは経済学の立場から多角的に考えるものである。本書に収めた論文はすべて，やらせそのものやその周辺事象にまつわる事例をそれぞれの分析視角によって検討した成果である。もとよりやらせとその周辺事象との線引きは容易ではない。後者にまつわる要素である，ウソや秘密は，異同にかかわらずやらせ成功の必要条件である。ウソがいかに社会的に生成され秘密がいかに保たれるか，これらもやらせ研究のプラットホームに含まれる。また情報操作，捏造，不公正，超論理的説明，沈黙といった要素も，やらせに密接に関連している。2016年のアメリカ大統領選挙で横行したフェイク・ニュースは，これらの要素が消滅していないことの証左である。

　本書は，今まで対象化されてこなかったやらせという主題を，学術的にとらえる初の書である。政策決定過程におけるやらせを分析し，社会におけるやらせの減少に資することを期す。この難題を世に問うことの意義はそこにある。

　　2017年2月

　　　　　　　　　　　　　　　　　　　　　　　　　　　　編　　者

「やらせ」の政治経済学　目　次

は じ め に

I　「やらせ」の「発見」から「破綻」まで

第1章　「やらせ」の発見と演出の過程……………………宮脇　昇…2
　1　やらせとは何か……………………………………………………………2
　2　やらせの国内事例…………………………………………………………4
　3　海外における事例…………………………………………………………8
　4　やらせの成功条件…………………………………………………………10
　5　やらせの構図………………………………………………………………13

第2章　核不拡散レジームの虚構と現実……………………山本武彦…18
　　　　――約束履行問題と核保有国の「嘘」と「偽善」
　1　2015年 NPT 再検討会議の失敗…………………………………………18
　2　核不拡散レジーム規範の矛盾……………………………………………19
　3　核不拡散レジームの内実と核保有国の「嘘」…………………………23
　4　国際政治における「約束履行」問題と核不拡散レジーム……………28
　5　核不拡散レジームはなぜ崩壊しないのか………………………………32
　6　いつまで続く核保有国の「嘘」と「偽善」……………………………37

第3章　選挙とやらせと財政再建……………………………上久保誠人…43
　　　　――英国・キャメロン政権と安倍政権の比較
　1　はじめに――キャメロン政権と安倍政権を比較する理由……………43
　2　英国・キャメロン政権の緊縮財政政策（2010〜2015年）……………44
　3　日本・安倍政権の経済政策「アベノミクス」と財政健全化…………47
　　（2012〜2014年）
　4　分　　析……………………………………………………………………57
　5　まとめ――選挙で国民に「期待」を問う日本，「成果」を問う英国……58

Ⅱ 「やらせ」の演出

第4章 「やらせ」の経済社会学 ……………………………… 後藤玲子 … 66
——どんなタイプの合理性に訴えようとしているか
- 1 本人の同意と関与を伴うステージ設定 …………………………… 66
- 2 ゴッフマン，フーコー，そしてセン ……………………………… 67
- 3 問題関心と方法 ……………………………………………………… 70
- 4 札幌市姉妹餓死事件 ………………………………………………… 74
- 5 個人の合理性と社会的選択 ………………………………………… 77
- 6 福祉国家の死角 ……………………………………………………… 80
- 7 むすびに代えて——誰がステージ設定に割り込むか ………… 82

第5章 やらせの仕組み——プロレスでの欺き方から見た場合 … 近藤 敦 … 86
- 1 はじめに——本論のねらい ………………………………………… 86
- 2 プロレスにおけるやらせ …………………………………………… 86
- 3 プロレスの構造——トンプソンの議論から …………………… 91
- 4 プロレスマスコミとプロレスファン ……………………………… 96
- 5 やらせの成立条件——ひとつの仮説として …………………… 99
- 6 おわりに——いくつかの補足 …………………………………… 100

Ⅲ 「不正」の政治過程

第6章 行政指導の効力に関する一考察 ……………………… 藤井禎介 … 106
——演出された介入か，介入の演出か
- 1 行政指導という主題 ………………………………………………… 106
- 2 行政指導の効力——2つの説明 ………………………………… 108
- 3 行政指導の効力の類型化 ………………………………………… 115
- 4 行政指導における「演出」 ……………………………………… 120

第7章　選挙制度がクライエンテリズムによる政策の歪みに与える影響——政策金融データによる分析 ………… 清水直樹 … *124*

1　目　　的 …………………………………………………… *124*
2　どのようにクライエンテリズムによる政策の歪みを測定するのか …… *127*
3　データの説明 ……………………………………………… *129*
4　分　　析 …………………………………………………… *133*
5　結　　論 …………………………………………………… *137*

第8章　選挙監視とウソ ………………………………… 玉井雅隆 … *142*
　　　　——CIS 諸国と選挙監視の「虚言」と「受容」

1　問題の所在 ………………………………………………… *142*
2　選挙監視と国際政治 ……………………………………… *143*
3　OSCE（欧州安全保障会議）選挙監視メカニズムの成立 ……………… *144*
4　OSCE 選挙監視メカニズムの実際 …………………… *147*
5　ウィーンの東（East of Vienna）問題と選挙監視 ……………… *149*
6　選挙監視と「やらせ」 …………………………………… *153*

第9章　地球環境政策における公約の後退 ………… 横田匡紀 … *161*

1　問題の所在 ………………………………………………… *161*
2　気候変動政策の国際的展開 ……………………………… *162*
3　国内での検討 ……………………………………………… *166*
4　考　　察 …………………………………………………… *177*
5　総括と展望 ………………………………………………… *180*

お わ り に
人名索引／事項索引

I 「やらせ」の「発見」から「破綻」まで

第1章
「やらせ」の発見と演出の過程

宮脇　昇

1　やらせとは何か

　「やらせ」は，社会的支持の調達を権力的な情報操作によって達成するために，共同目的をもつ者（以下「協力者」）を利用して，第三者（以下「観衆」）に対する社会的な演出である。やらせは，古今東西，日常茶飯事の現象としてあまねく見られるものであり，なかには軍事的，政治的あるいは社会的意味を有する場合もある。
　まず軍事面での巧妙なやらせは，少なくない[1]。例えば，ベトナム戦争へのアメリカの本格的介入の契機となり，北爆開始のアメリカ議会承認に利用された1964年のトンキン湾事件は，米軍による自作自演であった。
　やらせという手法が糾弾されうるのはなぜか。それは，やらせのもつ欺きの性質が国内政治では非民主的な意思決定の方法であると考えられるためである。
　非民主的な世界，特に社会主義国では支持調達のために，情報の捏造が日常化していた。社会主義時代のルーマニアで寒波がたびたび襲った厳冬期に，国民の暖房節約と政権批判防止のため公表気温の操作の事例や，中国やソ連の政治指導者の写真が捏造された事例等，枚挙に暇がない。非民主主義国ではやらせを内在化した情報操作が権力維持のために恒常化している。北朝鮮でも，政治的支持調達の手段として政治的記念行事に大衆を動員したマスゲームが展開され，大衆に自発的な参加の自覚をもたせることに成功している。かつての社会主義国では，プロパガンダを社会的に浸透させることでやらせの被操作者である大衆・国民自身が相互監視を通じて演出の過程に組み込まれていた[2]。非民主主義国におけるやらせは，反体制派による指摘や政権崩壊後の情報開示によ

って初めて検証可能なレベルで明るみになった。

　やらせは，民主的な意思決定過程に反する。しかし現実には，民主主義諸国においてもやらせが続いている。なぜならやらせの情報が秘匿される限り，やらせは支持調達の方法として効果的であるためである。これはメディアの発展とも関わりがある。メディアを通じて世論（観衆）に対して大規模に情報操作をすることが可能となり，そのメディアも日々のニュースの製造のために疑似イベントを欲している。アメリカ大統領（当時）のF・D・ルーズベルト（Franklin. D. Roosevelt）が炉辺談話で用いた深慮遠謀の演出には，劇作家や詩人が加わり，ゴーストライターが存在した。人工的に演出され造成された情報は，「無分別の客観性」追求の原理で機能するメディアによって高い価値が付され，観衆によって消費される（ブーアスティン，1964）。ダール（Robert Dahl）が情報や関係性を権力に含め，フーコー（Michel Foucault）も知を権力とみなすように，情報や知識自体が権力性を有することは言を俟たない。その上でやらせは，権力性の確保を情報の伝播や知識の浸透のために，原始的な方法で達成する。

　やらせは，目的の成否にかかわらず，発覚しないことが成功の条件であり，共同目的をもつ協力者が裏切らない限り，永遠に発覚しない。この構造は，スポーツにおける八百長，「無気力相撲」等のような事例にも通底するものである。やらせの認知件数が少ないことは，やらせが現実に少ないことを意味しない。むしろ暗黙知のレベルでは，やらせが一定の条件下で容認された方法であると考える方が説得力がある。ただし発覚しない事例の研究には困難がつきまとう。先行研究の寡少に加え，不透明な政策決定過程であったがゆえに演出者や協力者の証言の信憑性が問われることも少なくない。過程を検証する外部調査もまた限りがある。また研究の枠組みとして，やらせの周辺事象である虚偽・虚言とやらせとの区別も容易でない。一方的な虚言には，支持者の秘密裏の協力を必ずしも要しない。やらせのコアと周辺との境界は，たえず不明瞭である。なぜならば協力者の存在自体が不可視的であり，（将来にわたって）秘匿されうるためである。この関係を図にしたものが，図1-1である。

　本章では，民主主義の世界においてやらせという支持調達の方法がなぜ用い

I 「やらせ」の「発見」から「破綻」まで

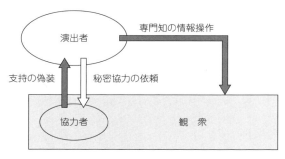

図1-1　やらせをめぐる演出者・協力者・観衆の関係性

られるのか，成否の分水嶺はどこに存するのかを問いとして，少ない発覚事例をもとに研究の分析視角を提示する。最後に，脱やらせ政治を目標に社会的に公正な決定過程の環境について検討する。

2　やらせの国内事例

　やらせは，洋の東西を問わず行われる演出方法である。本節では21世紀の日本で発覚した，やらせ事例（あるいは未然に失敗した事例）を取り上げ，やらせの輪郭と民主政治との関係を浮き彫りにする。

（1）タウンミーティングにおける「やらせ質問」

　2001年の小泉政権発足後に国レベルで取り入れられ，内閣と国民との直接対話を目的とするタウンミーティングは，公開のもとで地元住民の声を直接聴取する場として鳴り物入りで喧伝された。内閣府によれば，タウンミーティングは，内閣の閣僚等が，内閣の重要課題について，広く国民から意見を聞き，また，国民に直接語りかけることで，内閣と国民との対話を促進することを狙う。大臣の出席にみられるように，メディアでの報道もなされ，アメリカのタウンミーティングのような活気を呈する成功例もあった。しかし多くの場合，聴衆からの質問は少なく，もしあったにせよ行政に批判的な質問が目立つことが，主催者によるやらせの動機となる。

2006年，教育基本法改正を主題として青森県八戸市で開催されたタウンミーティングでは，主催者側から指定された内容の質問を行うように青森側に事前に指示がなされた。具体的には，内閣府より青森県教育長に対する指示によって「出席予定者に教育基本法改正に賛同の質問案文を事前に送」り，「開催日当日，主催者の意向に沿って質問するよう求め」た[3]。

 本件に関する内閣府の調査報告書によれば，同年8月に内閣府の担当者が八戸市教育委員会と青森県教育庁を訪問し，「対話のきっかけとなるような意見を述べる人を探してほしい」と依頼した[4]。その後，文科省が作成した質問案を，内閣府が地元の県教育事務所を通じ，質問予定者（学校長）を選定する学校に送付し，確定した質問予定者に「意見発表の際に，質問を依頼されたことを言わないように」などとする注意事項が内閣府から県教育庁などを通じて送られた。当日は，発言予定者3人のうち2人が事前依頼に即して発言した[5]。

 この問題の発覚により，やらせによって国民を「愚弄し」，「国民に対する詐欺的行為」があったと糾弾された[6]。内閣府は，この事実を認めた上で「教育改革をテーマにしたタウンミーティングは八戸以外でも7回開かれ」，これら7回についても「（八戸と）同じようなケースが数件ある」として正式に陳謝した[7]。

 この事例では，演出者が協力者に明確に口止めし，発覚防止を徹底することにより，やらせの成功を期していた。しかし協力者（あるいはその周辺）の離反（告発）により，演出者はやらせを陳謝した。

（2）玄海原発再稼働の説明会における「やらせメール」

 東日本大震災の直後，2011年6月に九州電力の玄海原発の再稼働をめぐる説明会で発覚した「やらせメール」事件も，やらせの典型例である[8]。第三者委員会の報告書によると，佐賀県（知事）と九州電力は，3.11以降のエネルギー需給の逼迫という苦境と脱原発路線に舵を取った民主党政権のもとで，原発再稼働の支持を調達するために，一般国民（地元住民）を再稼働支持になびかせる必要があった。世論調査の結果では補えない支持者の「声」を具現化するための装置として，佐賀県民向け説明会（経済産業省主催，インターネットによる

ライブ中継有）が開催された。同社は，関連会社社員に再開支持の内容で「発電再開の容認の一国民の立場から，真摯に，かつ県民の共感を得ることができるよう意見や質問を電子メールで発信してください」[9]と説明会の番組あてにメールを送付するよう，関連会社に協力を要請した。

　説明会の直前に関連会社社員の告発を経て，共産党による鹿児島県議会での質疑に対し，同社はやらせ疑惑を否定した。しかし説明会の後，同年7月6日の衆議院予算委員会の質疑に対して，海江田経済産業大臣の答弁「九電がそういうことをやっているとしたら，これはけしからぬ話でございます」，菅首相の答弁「私も全く，もしそういうやらせ的なことがあったとすれば大変けしからぬことだ」という批判を経て，同社はやらせを認めるに至った。やらせに対する批判は，電力会社の社内問題にとどまらず，公益性のある企業の社会的責任の議論，そして当時の民主党政権の原発再稼働に対する判断（安全宣言）への批判につながり，加えて第三者委員会での調査を経て佐賀県知事によるやらせ誘導の示唆の存否という論点を惹起し，地方政治や国政における争点となった。

（3）G7伊勢志摩サミットの「危機」認識の共有の失敗：やらせ未遂の事例

　やらせは，演出者による指示に対して，もし協力者が同意し，観衆が操作されなければ，失敗に帰する。消費税増税（10％）再延期の条件とされたリーマン・ショックなみの経済危機の到来を具体的に国民に説明するべく，2016年5月のG7伊勢志摩サミットにおいて安倍首相は経済危機の言説の誘導を図った。

　2016年のG7サミットの議長を務めた安倍首相は，閉幕後の記者会見で繰り返し「危機」という言葉を用いて，消費税増税再延期の理由付けを試みた。すなわち首相は，「もし対応を誤れば，世界経済が，通常の景気循環を超えて『危機』に陥る，大きなリスクに直面している。私たちG7は，その認識を共有し，強い危機感を共有しました。」（G7伊勢志摩サミット議長記者会見）として危機感は主要7カ国で共有され，サミット宣言文（和文）では「新たな危機を回避するため，政策の総動員をG7は約束した」とされた。リーマン・ショック級の経済危機の到来予測にサミットで合意したことは，安倍首相によって数日

後の消費税増税再延期の発表の際の論拠として用いられた。実際にサミットの直前、財務相や与党・自民党には秘密裏に、少数の首相側近と経済産業省幹部らが作成した経済危機に関するサミット配付資料は、世界的な経済指標を例示しながら、2008年のリーマン・ショックと同程度のリスク要因があると印象づけるものであった。[10]この配布資料のデータを例示しながら、首相は5月26日のサミットの経済討議で、世界経済はリーマン・ショックと同じほど脆弱な状況にあると説明した。[11]後日談として官邸関係者は「首相は早い段階で再増税を先送りする方針を固めており、サミットでは、条件としていた『リーマン・ショック級の状況』に近いと印象づけたかった」と打ち明けている。[12]

　しかし、内なる協力者となるはずの閣僚や自民党幹部にも上記データの内容を隠し続けたことから、自民党の増税派からは「先送りのための結論ありきだ」との批判も生じた。[13]また最大の協力者として期待されたであろうサミット参加首脳からも同様な批判が挙がった。同宣言の英語の原文では「我々は新たな危機に陥るのを回避するため、これまで経済の回復力を高めてきたし、今後も一段と努力する」（毎日新聞訳）とされ、新たな危機には力点を置いていない。[14]加えて、オランド（Flançis Hollando）フランス大統領は「今は危機ではない」と発言し、キャメロン（David Cameron）英首相も世界経済について前向きの発言をしたという。[15]何より、日本の内閣府による当月の月例経済報告で、景気の先行きは「緩やかな回復が期待される」とされ、安倍首相の喧伝する危機感は伝わってこない。[16]これをもってメディアは「演出された危機」として、安倍首相による危機の創造を断罪する。[17]

　危機言説の演出性が明るみに出た段階で、やらせの命脈は尽き、やらせであったことすら否定され、演出者の意図にかかわらず結果としてやらせの成功事例には分類されない。やらせの演出が部分的に存在しながらも、演出に失敗した事例である。

3 海外における事例

(1) ベルリンの壁崩壊の記者会見におけるやらせ質問

　前節で述べたように，やらせは非民主的な手法である。1989年11月，ベルリンの壁崩壊をめぐる歴史的な記者会見は，ホーネッカー（Erich Honecker）政権からクレンツ（Egon Krentz）政権に代わったばかりの東ドイツが社会主義体制から民主化する渦中で劇的に出国管理方法を自由化し，結果的に「やらせ」が結果的に壁の崩壊に寄与した事例として注目される。

　1989年11月9日，ベルリンの壁崩壊の記者会見では，東ドイツ与党SED（ドイツ社会主義統一党）のシャボフスキー（Günter Schabowski）中央委員会政治局員が「旅行の自由化」の政令を発表した[18]。これに対して，イタリアの通信社のエーマン記者が自由化の実施時期について「いつからか？」と質問した。シャボフスキーは，手元資料で開放時期を確認できなかったため「今すぐ（自由化する）と認識している」と返答してしまった[19]。これが契機となり，東ベルリン市民が壁に殺到し，壁の崩壊に至ったといわれる。

　しかし25年を経た2014年になってエーマン記者は，「会見前，シャボフスキー氏とは別の高官から『出国自由化の時期を必ず質問するように』と言われた」と回想した。これが真実であれば，歴史的なベルリンの壁崩壊は，記者会見における偶然の出来事の結果ではなく，演出者と協力者の関係をもとに綿密に予定されていたシナリオであった。むろん協力者が直接演出者（高官）に質問を発していないため，演出者の存在は謎のままであり，やらせ質問であったことを確定することは難しい。ただし協力者の証言の無謬性を否定する史料や翻意の動機を否定することは，さらに困難であるため本章ではやらせ事例に分類する。

　本件では，協力者が後年証言することにより，「やらせ」の存在が発覚した。これは，演出者と協力者の関係は永久のものではなく，時間の経過や歴史の評価とともに，可変的であることを示している。この関係性と行為の罪は，ある種の政治的あるいは社会的時効を迎えていたと言える。

（2）銃風事件

　民主主義国が演出者となり，非民主主義国を協力者として利用するやらせも存在する。1990年代に韓国の総選挙を目前に，韓国の与党は，支持率を高めるべく，北朝鮮に軍事的挑発行動を行うように秘密裏に依頼したことが発覚した。[20] これは，いわゆる「銃風事件」として韓国で呼ばれている事件である。

　ウィキペディア（韓国語版）及び新聞報道によると，1997年の韓国大統領選挙に出馬した金大中（当時，野党）を落選させる工作を韓国の国家安全企画部（安企部）が朝鮮民主主義人民共和国（北朝鮮）の協力を得て行っていた。この疑惑は，政権交代後の金大中政権下になった1998年3月に関連極秘文書の実在が韓国側で確認され，南北をまたにかける二重スパイの存在まで浮上した。与党・新政治国民会議の鄭大哲副総裁の証言が新聞に掲載され，当該文書が世に知られるところとなる。

　韓国側の報告書についての報道によれば，金大中落選工作の一環として，(1) 南北情報当局公認の二重スパイが存在し，(2) 北朝鮮高官との北京での接触を勧誘し，(3) ハンナラ党議員が北京で同高官と会い，金大中候補落選工作を依頼しつつ360万ドルを提供した。この見返りに北朝鮮は，選挙期間中に南北軍事境界線付近で軍事的挑発行動を行ったとされる。

　この事例では，民主主義国が非民主主義国にやらせを依頼し，「やらせ」としては成功したものの，選挙勝利という目的達成は結果的に失敗に終わった。しかしここで明らかなように，民主的政治体制（演出者）が非民主主義体制（協力者）に依頼したやらせは，「安全保障」の機密のベール（徹底した不完備情報）のもとで緻密にかつ洗練された手法により実施された。敵対側にまで依頼してやらせの成功を確信した情報機関や与党が，政権交代によってやらせを含む過去の情報操作を白日のもとにさらすこととなった。南北朝鮮の演出者・協力者間の政治的談合は，演出者の政治的地位の可変性（下野）によって終わりを告げた。

4 やらせの成功条件

（1）演出者と観衆の関係：情報不完備性のもとでの専門知の創造と伝播

やらせでは，演出者が直接観衆を説得することなく，協力者の演技を媒介して言説や行為の正統性を確保する。演出者にとって一見不合理な方法であるにもかかわらず，演出者がやらせという糠いを敢えて用いねばならないのは，演出者にとって当該課題は公開の議論を通じた合意形成や支持調達が困難である（あるいは，単にその自信がない）ためである。

すべての当事者が完全な知識を有し，さらに全者がそのことを相互に認識しあっている状況，すなわち完備情報下では，やらせは存立しえない。やらせは，第三者に対して共同性を有する二者（演出者，協力者）が，自らに不利な情報を提供せず，有利な情報を偏在させることにより可能となる。三者間の鼎立関係はあたかも対等であるかのごとく演出され，しかし実際には情報は非対称である。全ての当事者が課題の主体，選択肢，利得，時間等の全容について必ずしも十全な知識をもたない状況，すなわち不完備情報こそがやらせの演出の条件である。この条件下で，やらせを命じる政治的演出者とやらせを見る観客の双方に共通知識があたかも（as if）存在するかのごとく演出される（これを筆者は as if game と呼ぶ）[21]。実際にはこの共通知識は，演出者によって選択され創造されたものにすぎない。

情報の不完備性・非対称性が政治的演出としてのやらせを可能にし，公共政策の政策過程の循環を演出者の意図にそって進行させる。まさしくミアシャイマー（John Mearsheimer）のいう「何を知らないかを知らず，何を聞くべきかが分からない」[22]という状態に観衆はおかれ，観衆費用はゼロである。やらせ等の演出は，観衆費用を抑制する方法でもあり，演出者（あるいは為政者）に評価されたと考えられる。

情報不完備性の薄い争点の共通知識の場合，協力者と観衆との専門知の格差は少なく，協力者による離反・造反のコストは低くなる（タウンミーティングの事例）。本章の事例に即せば教育理念，原発管理，経済予測，安全保障，出

国管理の各分野の専門知として実装する。加えて，両者を橋渡しする協力者が存在する。協力者は，演出者の意図に即して，積極的に共通知識を浸透・伝播させる。協力者には（偏在か否かにかかわらず）専門知があり，しかし観衆の立場にたって演出に協力せねば観衆を欺けないため，専門知を纏う実体（正体）を示すことは許されない。

　もとより協力者は，観衆の一員として登場することが多いため（タウンミーティング，玄海原発説明会），協力者に協力を迫るためには，協力者に専門知が少ないほうがより自然である。ここにやらせの根本的な矛盾が存在する。ベルリンの壁の記者会見のように，記者が国民の知る権利をもとに活動している場合，協力者と観衆との間隙は，本質的に小さい（ただしこの事例においては，後述のように職業上の秘密保持という別の倫理が作用しているため，間隙は存在し続ける）。

　また民主体制下で生じる政権交代は，情報の不完備性に風穴を開けることにつながる。実際に，新政権は，前政権の不正糾弾という政治的目的を有して，やらせの発覚を容易にする（銃風事件）。観衆自身が演出者（政権）の立場を変化させる（政権転落）行為を通じて，やらせを時限的にする。

　すなわちやらせは，情報の効果の時間逓減性に直面する。情報不完備を支える社会的費用は，時間とともに増大する。やらせはウソの共有によって成立するため時限的であり，短期的戦術である。重大事故の隠蔽工作で発生した大規模なやらせの場合でも，それが単なるウソにとどまらず演出性を付随することにより，綻びが出る可能性も高まる。その綻びは，観客側に第三者から（演出者から提供されたものとは別の）専門知が提供される場合に生じる。

（2）演出者・協力者の関係：同盟

　やらせの環境に必須なのが，演出協力者の存在である。演出者と協力者は，共同でやらせの目的を達成するべく，情報操作に積極的に荷担し，いわば同盟関係にある。玄海原発のやらせメール事件にみられる九州電力側は演出者であり，やらせメールを送った社員は協力者であり，タウンミーティングのやらせ質問では，青森県側が演出者，質問を行った者が協力者である。双方とも，同

Ⅰ 「やらせ」の「発見」から「破綻」まで

盟関係を期待された協力者の告発（離反・造反）によってやらせが発覚した。なぜならば演出者からすれば，演出者・協力者間には共通利益が想定されているものの，その利益が社会的，経済的あるいは時間的に限定される場合，協力者は離反・造反しやすいためである。また通常想定されるヒエラルキー（親会社－子会社－子会社社員，国－地方－学校長）が必ずしも実態を伴わず（タウンミーティング，玄海原発説明会），協力者にとって，やらせ演出に勝る正義や社会的規範（次項で詳述）が優先するためである。むろん，観衆に対しては，協力者（あるいは動員組織）は演出側の人間であり，かつ演出される側に入っているふりをする。演出の成功には，演出者・協力者の共通利益やヒエラルキーに加えて，協力者が払う虚偽の行動のコストを演出者が徹底して長期的に負担するか（責任転嫁をしない），協力者の造反を事前に阻止する手段（社会主義国における秘密警察の存在等）が必要である。加えて協力者と観衆との立場が近い場合は，観衆側による協力者の保護（駆け込み寺）が期待されるため，なおさら演出者側はやらせのコストを増す。この演出者・協力者間の強靱な長期的関係が存在せず，協力者－観客関係が良好な場合，やらせは功を奏せず，未然に防止されうる（伊勢志摩サミット）。ゲーム理論を用いれば，協力者が演出者との間で繰り返しゲームではなく一度きりのゲームに参加していると認識している場合，裏切りのインセンティブは高まる。

（3）社会的公正の倫理の不在

　やらせの争点は，多様である。たとえばスポーツの世界等における八百長試合から国際選挙監視にいたるまで，その争点は多岐にわたっている。これに対して，そうした不正を糾弾する側の論理や倫理は，統一的ではない。各界においてやらせを批判する倫理的概念が提示され，たとえばスポーツ界ではインテグリティ（高潔性）が唱道されるようになっている。倫理によって，演出者と協力者の関係は制限される。逆に言えば，やらせの成功は，両者あるいは一者の倫理的観点が薄いことに依る。伊勢志摩サミットにおいて経済危機の演出が失敗したのは，各国首脳が自国民に対する説明責任という政治的倫理を有していたと解釈することが可能である。タウンミーティングや玄海原発説明会でも，

倫理的な観点から内部告発が行われた。むろんこれらの行為にも政治的意図を推定することは可能であるが（たとえば政権批判），観衆側は，協力者の告発や非協力の行為に倫理を見いだせるのである。その対極として協力者が秘密業務に従事し，あるいは北朝鮮という社会主義国の場合には，公正の観点から倫理を求めるのはそもそも容易ではない（公正とは異なる職業規範や国益に基づく倫理を推定することが可能であるとしても）。

職業倫理の観点から，ベルリンの壁の記者会見の事例は，示唆に富む。25年という時間が経過し，演出者と協力者の関係がもはや意義を失い，協力者が非協力に転じ，やらせが発覚する。この事例の場合，協力者は報道関係者であり，職業的に観衆に近い立場にあった。しかし，もはや演出者が属した国家（東ドイツ）は存在せず，協力者は演出者との共同利益を有しない。協力者の職業的性質にもかかわらず，やらせの発覚に時間を要したのは，壁崩壊という争点の大きさによる。争点の大きさにより，協力者にとっては，公正を追求する倫理的立場（一般的な公正さ）と実際の質問行為（壁の崩壊支持と秘密保持の職業倫理）との間隙が拡がり，結果的に発覚に時間を要した。

もし協力者による当該質問がなければ，ベルリンの壁崩壊には一層時間を要したであろうことは容易に想像できる。民主化や人の移動の自由という人類的・長期的目標は，新聞記者の職業倫理とも合致するものであり，協力者の行為を一概に断罪することはできない。この葛藤は，規範間の競合の問題としてとらえられる。

5　やらせの構図

これまでの考察により，やらせは，次の3点の条件によって成功しうる。まず，演出者と観衆との関係においては情報不完備性が必要である。第二に，演出者と協力者の関係では，両者の安定的地位に基づく盤石な長期的同盟関係が求められる。第三に，演出者や協力者に公正に関する職業倫理が薄いことである。3つの要素を本章の事例にそって整理したものが表1-1である。

以上の考察から，やらせを成功させずに，民主的な公共政策決定過程を実現

I 「やらせ」の「発見」から「破綻」まで

表 1-1　やらせ事例と 3 要素

事　例 （発覚時期）	やらせの目的・内容・対象			やらせの崩壊	やらせの要素		
	演出者とやらせの目的	協力者と協力内容	観　衆	発覚の契機	情報不完備性	演出者・協力者の同盟	公正の職業倫理
タウンミーティング （事後に発覚）	教育基本法改正の支持調達	学校長による賛同の意見表明	参加者（国民）	協力者による告発	低い	中央・地方の上下関係	協力者側に存在
玄海原発再稼働説明会 （同時に発覚）	再稼働の支持調達	子会社（社員）と再稼働を支持する意見表明	参加者（国民）	協力者の告発	高い	親会社・子会社の上下関係	協力者側に存在
G7伊勢志摩サミット （未然に失敗）	消費税引き上げ延期の国際的支持調達	他国の首脳は経済危機の認識を共有せず	国　民	協力者の非協力	低い	対等な関係	協力者側に存在
ベルリンの壁記者会見 （25年後に発覚）	壁の崩壊の支持調達	新聞記者が壁の開放時期を質問	東ドイツ国民	協力者の回顧	高い	対等な関係	協力者が規範競合下で倫理を優先せず
銃風事件 （政権交代後に発覚）	与党の支持調達と野党候補の落選	北朝鮮が軍事的挑発行動	韓国国民	政権交代	高い	対等な関係（政治的談合）	公正倫理の不在

するには，以下の 3 点が必要となる。

　まず情報の完備性の追求である。TPP 交渉が秘密会合を経て初めて結実した（アメリカの政権交代により，発効の可能性は薄いにせよ）ことにみられるように，完備情報社会の実現は，理論的に政治的調整の選択肢を狭める。民主的な政治は，完備情報社会の追求といかに調和可能なのか。この解は，定期的な政権交代にある。政権交代により前政権の情報が開示しやすくなるため，やらせが依拠する情報不完備性は時限的になる。

　また演出者側になりやすい行政府に対して，立法府によるチェックが行き届くために情報公開や公文書保存の制度の活用は，きわめて重要である。アメリカ議会が公聴会によって行政府に対する監視を強め，独自の無謬性を誇示できていることは，一つの好例である。[23] NPO 等の第三者による専門知の提供も同様の効果をもつ。また内部告発制度の運用は，協力者の脱出の心理的負担を下

げる。

　第二に，演出者－協力者の関係性と地位の固定化を阻止することである。行政における入札で契約企業の定期的な入れ替えが官民癒着の防止につながることは示唆を与える。国と地方，親会社と子会社の事例の場合，たとえヒエラルキーが固定化している場合においても，担当者の定期的交代によって長期的な（不公正な）同盟関係を崩壊させることが可能である。上述の政権交代はその最たる方法である。

　第三に公正の倫理についてである。公共的相互性の観点から，公共性を有するアクターの公益共有は追求されるべきである。[24] H・アーレント（Hannah Arendt）の言う「世界への関心」をアクターが有することにより，経済的・社会的公共的相互性を包含する政治空間の形成によって，「やらせ」を要せずとも公共政策の目標達成が容易になることが望ましい。

　　［謝辞］ミアシャイマーの著作については宮下豊氏より助言を得た。また銃風事件については金碩淵教授（韓国・国民大学校）より詳細を教示いただいた。この場を借りて謝意を表したい。

注
1）1964年8月のトンキン湾事件において，2度目の衝突について北ベトナム側からの攻撃は実際にはなかったにもかかわらず，米軍はその事実を捏造し，ジョンソン政権は議会での北爆承認決議を引き出すことに成功した。後に『ペンタゴン・ペーパー』の公開によってこの事実が明らかになる。
2）チェコスロバキアの事例をもとに記した次の著作に詳しい。デュブニック（1965）。また対外プロパガンダにおける演劇性については，斎藤（2013）。
3）小宮山泰子衆議院議員による「やらせのタウンミーティングにおける安倍晋三前内閣官房長官の責任に関する質問主意書」（平成18年11月9日提出　質問第149号）。http://www.shugiin.go.jp/internet/itdb_shitsumon.nsf/html/shitsumon/a165149.htm
4）「『やらせ質問』他に数件　教基法タウンミーティング　内閣府，口止めも　八戸集会　事実認め陳謝」『東京新聞』2006年11月7日（夕刊）。
5）同。
6）小宮山議員による上記質問主意書より。

I 「やらせ」の「発見」から「破綻」まで

7)『東京新聞』(前掲注5)。加えて当時の安倍内閣官房長官の責任を問う声も挙がった。
8) 以下,『九州電力株式会社第三者委員会報告書』(平成23年9月30日) より。
9)「第177国会　衆議院予算委員会議録」第24号(平成23年7月6日)。
http://kokkai.ndl.go.jp/SENTAKU/syugiin/177/0018/17707060018024.pdf
以下,引用部分は同議事録より。
10)『産経ニュース』2016年6月1日配信 http://www.sankei.com/politics/news/160601/plt1606010005-n1.html　同紙によると,その資料は,(1)原油・食料等の価格をまとめた国際商品価格の推移,(2)新興国の経済指標,(3)各国の2016年成長率の予測推移,(4)新興国への資金流入—がテーマとされ,リーマン・ショック当時と2016年を比較している。たとえば(1)の「国際商品価格の推移」では2014年4月から16年1月までに55％下落したことから「リーマン・ショック前後の下落幅の55％と同じ」と強調し,(4)新興国の投資伸び率(実質)も「リーマン・ショックより低い水準まで低下」と結論づけた。しかし麻生太郎副総理兼財務相はサミット直前に内容を知り,官邸側に公表中止を求める一幕もあり,自民党幹部も「データの作成自体を知らなかった」とされる。
11) 同。
12) 同。
13) 同。
14)『毎日新聞』2016年5月29日 (社説),英語の原文は "We have strengthened the resilience of our economies in order to avoid falling into another crisis, and to this end, commit to reinforce our efforts to address the current economic situation by taking all appropriate policy responses in a timely manner." とされ,景気循環を超えた大きなリスク」に該当する英語は見当たらない。G7 Ise-Shima Leaders' Declaration: G7 Ise-Shima Summit, 26-27 May 2016.
15) 同。
16) 同。
17) 同。
18) この記者会見についてはドイツ放送アーカイブ及びUNESCOのビデオ史料に全てのやりとりが記録されている。"Gunter Schabowski Speaks to the International Press, East-Berlin," 9 November 1989, http://www.unesco.org/archives/multimedia/?s=films_details&pg=33&id=2818
19)『毎日新聞』2014年10月22日,同じく "The Fourth Man: Who Prompted the Fall

of the Berlin Wall?" *The Wall Street Journal*, http://blogs.wsj.com/brussels/2014/11/05/the-fourth-man-who-prompted-the-fall-of-the-berlin-wall/
20）「金大中氏の落選工作，秘密文書が存在　北朝鮮の協力を裏付け」『毎日新聞』1998年3月18日。同紙によると，政権交代後の与党・新政治国民会議の鄭大哲副総裁の証言を掲載し確認されたものである。なお本事件についての概要は，金碩淵教授（国民大学校）の協力により同事件についての韓国語版ウィキペディアもあわせて参照した。
21）この点については宮脇（2012）。
22）Mearsheimer（2011，邦訳2012）。彼は，政治家と外交官は嘘をついたことにより罰せられることは滅多になく，特に他国に対して虚言を発した場合はなおさらであるとも論じている。
23）たとえば，宮脇（2010）。
24）公共的相互性については，後藤（2015）。

参考文献

D・J・ブーアスティン，星野郁美・後藤和彦訳（1964）『幻影（イメジ）の時代——マスコミが製造する事実』東京創元社。
リスキー・D・デュブニック，小島龍一・近藤康共訳（1965）『共産党宣伝活動の実際』日刊労働通信社。
後藤玲子（2015）「観点としてのリスクと公共的相互性」『立命館言語文化研究』26巻4号。
Mearsheimer, John J., *Why Leaders Lie*, Oxford University Press, 2011.（J. J. ミアシャイマー，奥山真司訳（2012）『なぜリーダーはウソをつくのか』五月書房）。
宮脇昇（2010）「アメリカ議会の人権外交——初期のヘルシンキ委員会の活動」松山大学法学部開設20周年記念論文集刊行委員会編『法と政治の現代的位相　松山大学法学部20周年記念論文集』，533-567頁。
―――（2012）「国際政治におけるウソと〈as if game〉」宮脇昇・玉井雅隆編『コンプライアンス論から規範競合論へ』晃洋書房。
斎藤嘉臣（2013）『文化浸透の冷戦史』勁草書房。

第 2 章

核不拡散レジームの虚構と現実
―― 約束履行問題と核保有国の「嘘」と「偽善」

山本武彦

1　2015年 NPT 再検討会議の失敗

　5年ごとに国連本部で開催される核兵器拡散防止条約（Nuclear Non-proliferation Treaty：以下，NPT ないし，「核不拡散条約」と表記）の運用検討会議（ここでは一般に使われる NPT 再検討会議と表記）が2015年4月27日から5月22日まで開催された。前回の再検討会議（2010年）では最終文書が採択され，成功裏に終わったが，今回の会議では核保有国であるアメリカとイギリスが最終文書案に反対したため採択されず，核保有国と非保有国との間の対立の溝が埋まらないまま，失敗に終わった。

　会議における両者の関係は，これまでの再検討会議と同じような対立の構図で覆われ，"虚々実々"の駆け引きが会議上で展開される。"虚々実々"とは互いに相手の虚を衝き実を避けるなど，計略や秘術の限りを尽くし合う駆け引きの様をいう。"虚"とは，むなしく中身のないことを意味する。"虚"に"口"を加えた漢字は，"嘘"である。NPT 体制（レジーム）が発足してから46年もの長きにわたって，核保有国は"嘘"をつき通す。しかも，時には"善人ぶった偽り"の行動や言動を厭わない。中東における米国の核行動や言動はその典型といっていい。核保有国の「偽善」極まれり，の感を誰しも抱く。

　これに対して"実"とは，中身と内容のある様を言い，"本当の現実"を指す。ところが NPT レジームは，核兵器を保有しない国の核保有を禁じる一方で原子力の平和利用の権利を認め，他方で核保有国の核軍縮を進める努力を求める体制として出発しながら，核軍縮は一向に進まない。これこそ NPT レジームが現に示している"実"である。核保有国のつく「嘘」には「欺瞞」が

つきまとう。典型は核の近代化を競い合う質的軍拡であり，「縦の拡散」が進む。他方で非核兵器国によるレジーム内での秘密裡の核保有の動きが強まる。イランの動向がその典型であった。これは非核兵器国による「欺瞞」の行動といっていい。さらなる「横の拡散」への懸念が国際社会を覆う。

　こうした現実を背景に"虚々実々"の駆け引きが行われた挙句に，何ら実質的な成果を生み出せないまま，今回の再検討会議は"虚"しい結末を迎えたのが偽らざる実態であった。

　では，なぜこうした"虚しい現実"がNPTレジームを覆い続けるのか。ここでは，そもそもNPTレジームの拠って立つ虚構と不平等の構図に踏み込み，国際政治理論の基本問題であるアクターによる「約束履行」問題に焦点を合わせながら，不平等構造の中の「約束不履行」と核保有国が「嘘」をつき通しても，NPTレジームが崩壊しない理由は奈辺にあるかを示してみよう。

2　核不拡散レジーム規範の矛盾

　核拡散防止の思想が核保有国から生じるようになったのは，米ソの核軍拡競争がピークに達しようとしていた1960年代の初めの頃であった。もっとも，世界初の原爆保有国となった米国は，米国以外の国が核を保有することに拒否反応を示し，核独占による戦後国際秩序の把持を国策の基本に据えたことは周知の事実である。だからこそ米国は国連の場にいわゆるバルーク案を提案し，核兵器の米国以外への拡散防止を前提とする原子力の国際管理案を提起したのである。しかし，1949年にソ連が原爆実験に成功して第二の核保有国になるに及んで，米国は大量報復戦略に基づく対ソ抑止戦略を追求し，ソ連も核軍備の対米追いつき戦略を追求した結果，いわゆる「恐怖の均衡」状態が米ソ間で形成されていく。

　だが，1962年10月のキューバ危機で核戦争勃発の悪夢をみた米ソ両国は，核抑止の信憑性に対する問いかけにそれぞれが疑問を抱き始めるようになる。と同時に，核実験を繰り返してきた核保有国に対する非同盟諸国の核実験中止の要求や反核国際世論の高まりに抗しきれなくなった米ソ両国は，キューバ危機

Ⅰ 「やらせ」の「発見」から「破綻」まで

後の1963年8月に大気圏内および水中における核実験禁止条約（部分的核実験禁止条約。以下，PTBTと略記）に調印し，地下実験の継続によって米ソそれぞれの核兵器体系の信頼性を高める方向へと進んでいく。

ただ，PTBTの成立は非同盟諸国や国際世論への配慮も確かに働いたであろうが，大規模な核爆発によって相手の中枢的価値に大打撃を与えるという初期の核抑止の思想が，核運搬手段の近代化に伴って大きく変化し，もはや大気圏内での核実験続行を不必要にしたという事情もあったことを忘れてはならない。こうして米ソ両国は地下核実験を続行し，核弾頭の軽量化や小型化の努力を重ねて質的核軍拡の道を追求していく。米ソ両国の核兵器体系の抑止効果を高め，それぞれの核抑止の信憑性を高める試み，と言い換えてもよい。後に問題化する核保有国の「縦の拡散」行動が始動したのである。

他方，1960年にフランスが核実験に成功したのに続き，1964年10月には中国が核実験に成功して核クラブ入りを果たす。核保有国はついに5ヵ国に増えたのである。この頃から米ソはさらに核保有国が増えることについて深刻な懸念を共有するようになっていく。いわゆる「横の拡散」問題が浮上したのである。フランスにとって核時代における自国の安全保障の基礎を核抑止力に依存しようとする発想は，特に核兵器取得に関する米英の秘密主義に直面していた当時のド・ゴール（Charles de Gaulle）政権にとって，独自の核戦力を保持することは国策上の至上の課題であった[1]。

中国にとっても，中ソ論争の激化に伴うソ連による核情報の遮断は独自の核保有を喫緊の国家戦略に格上げせざるをえない。北大西洋条約機構（NATO）の統合軍事機構から離脱したフランスは，米国にとっていわば"獅子身中の虫"に等しい。また中国もソ連にとって共産主義陣営の分裂と陣営内の遠心化を促す異端児にほかならない。1960年代の世界政治を彩っていった政治的多中心化（polycentrism）傾向は，他の中進国による核保有への誘惑をかきたてていくことにもなりかねない。

こうして米ソ両国のパワー・エリートは，いわゆるN番目国（Nth country）問題を共通認識として共有していくこととなる。中国に続く核保有国（N番目の国）の出現を阻止しなければ，米ソ二国間で保たれている相互核抑止の体系

が混乱を来し，複雑化することによって危機管理が難しくなりかねないという認識が共有されるようになったのである[2]。

キューバ危機後に訪れた"限定的緊張緩和（limited détente）"は，米ソによる世界の共同管理（condominium）体制を固める政治的契機となり，これを補強する軍備管理レジームの嚆矢となったのがPTBTの成立であった。それは同時に，米ソ間の危機管理レジームをも構成していたのである[3]。このレジームを根底で支えたのが相互抑止の思想とホットライン協定に示された信頼醸成措置（confidence building measures：CBMs）であり，米ソ間で成立した相互確証破壊（Mutual Assured Destruction：MAD）の戦略状況であった

MADとは，米ソのいずれかが先制核攻撃をかけた場合，第一撃によって得られる利益よりも相手の報復攻撃によって失う利益の方がはるかに大きいことを認識し合うことによって相互の戦略的安定が保たれる状況を意味する。その前提になるのが，相手の合理的な計算能力であり，非合理的な計算に基づく先制攻撃が自らの破滅をもたらすという冷静な判断能力をお互いに持ち合うという共通認識である[4]。

この共通認識は，やがて"限定的緊張緩和"期に成立したPTBTなどの軍備管理レジームや1963年の米ソ・ホットライン協定などの危機管理レジームを下支えする包括的なレジーム規範となり，やがて成立することとなるNPTレジームはその下位レジーム（sub-regime）となっていった。

国際関係論でいうレジームとは，一般に「明示的であろうと暗黙的であろうと，国際的行為主体の期待が収斂する規範，ルール，意思決定手続きの総体」を意味する（Krasner, 1983：2）。MADの戦略状況は，それが成立したと米ソ両国が認識した1960年代初めの段階で，この状況を確認し合う文書や条約が存在したわけではなかった。その意味で，この状況は「暗黙のレジーム」としての意味しか有していなかった，といっていい。このレジームが明示的な意味をもつようになったのは，1972年5月に第一次戦略兵器制限協定（SALT-I）と弾道ミサイル配備制限条約（ABM条約）が米ソ両国によって調印されて以降のことである。

もっとも，SALT-Iにせよ，ABM条約にせよ，これらの約束事のなかに

I 「やらせ」の「発見」から「破綻」まで

MADの文言が盛り込まれたわけではない。あくまでも米ソ両国がMADの戦略状況が成立しているという共通認識をベースにして条約を結んだに過ぎない。その意味では，MADレジームが暗黙のレジームなのか，それとも明示的レジームなのか判然としない"曖昧なレジーム"といっていい。と同時に，この"曖昧さ"ゆえに，米ソ両国にMADを一種の"安全保障の神話"として定着させることになったのかもしれない。[5]

ともあれ，このような戦略状況の中でNPT交渉が始まったわけだが，「N番目の国」問題で中国に次ぐ核保有の可能性の最も高い国，と米ソ両国から目されたのは西ドイツと日本であった。特に西ドイツは東西冷戦の最前線国家として，また原子物理学など科学技術面で突出した能力をもつ国としてソ連から強い警戒心を向けられていた。東ドイツとチェコスロバキアと国境を接していた西ドイツは米国の「核の傘（拡大抑止）」の下に置かれていたものの，ワルシャワ条約機構軍による電撃攻撃の脅威に曝されていたこともあって危機の際の核保証を強く求めていくようになる。

1960年代に北大西洋条約機構（NATO）内部で高まった多角的核戦力（Multilateral Nuclear Force：MLF）構想をめぐる論議でも西ドイツ国内の論議は，果たして核の引き金にどれだけ自律的に関与できるかに集約されていく。結局，NATO内部での足並みが揃わず，MLF問題は頓挫を来すが，それでもなお西ドイツの安全保障上の不安感を払拭する必要に迫られた米国のジョンソン（Lindon B. Johnson）政権は北大西洋条約に対する関与の再確認を求める西ドイツの要求に応じることとなる（Keller, 1975）。[6] こうして西ドイツ国内のNPT交渉にまつわる不安感は一応鎮静化することになるが，それでもなおNPTに組み込まれようとしていた安全保障上の不平等構造に不満がくすぶり続ける。

他方，日本でもアメリカの「核の傘」の信頼性に対する疑念が保守政界から公然と語られ，佐藤栄作首相はジョンソン大統領に対して，「共産中国が核兵器を保有するようなことがあれば，日本も保有することになろう」と語り，また一部の論者も中国が大陸間射程の弾道ミサイルを開発するようになれば，米国による拡大抑止の信頼性は揺らぐことになる，と指摘する有り様であった。当時，石原慎太郎・参議院議員は「米国の核の傘は，米国とカナダだけを守る

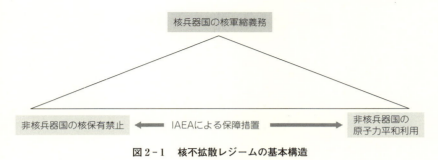

図2-1　核不拡散レジームの基本構造

"破れ傘"」に過ぎず，従って個別誘導多弾頭ミサイル（MIRV）を開発し，原子力潜水艦を配備する必要性を公言して憚らなかった。米国の核の傘に依存することによって自国の安全保障を全うすることを国策の基本に据える西ドイツと日本の不満は，やがて成立するNPTレジームの孕む矛盾の構造に向けられていたのである。

3　核不拡散レジームの内実と核保有国の「嘘」

では，NPTに内包された不平等構造とはどのような仕組みから成るのであろうか。1968年に調印され，70年に発効したNPTは3つの柱で支えられている。すなわち，① NPT調印時に核兵器を保有する5カ国（米，ソ，英，仏，中国），すなわち国連安保理事会の5常任理事国以外の国が新たに核兵器を保有しないこと（第1条，第2条），および原子力の平和利用（典型的には原子力発電）を非核保有国に認めること（第4条），② ただし，非保有国は国際原子力機関（IAEA）による査察を受ける（保障措置）ことを義務付けること（第3条），③ 核兵器保有国は核軍縮交渉を"誠実に（in good faith）"行うこと，の3点がそれである（図2-1参照）。

　現代の国際社会においてこれほど絵にかいたような不平等構造はない。核兵器国は核兵器を保有するがゆえにIAEAによる査察を受ける義務はないのに対して，非核兵器国はIAEAとの間で査察協定を結んだうえで，定期的に査察を受ける義務を有するのも，不平等かつ差別的なルールであり，規範である。

I 「やらせ」の「発見」から「破綻」まで

核不拡散レジームの規範として刷り込まれた核保有国と非保有国との安全保障上の不平等構造は，現在に至るもなお，生きながらえている。

核抑止システムの生みだした所産とはいえ，不拡散規範の源となったのは紛れもなく米ソの二極に集中したパワーであり，パワー・リソースとしての不拡散規範に抗うことが如何に困難であったかがうかがい知れる。[8]

その意味で，ヤルタ体制の頂点に立つ米ソ両超大国は核不拡散の価値言説の規範化に見事に成功した，といっても過言ではない。核不拡散レジームに未だ加わらないインドの外相が，1998年5月に実施した核実験後に，核不拡散体制を冷戦時代に南アフリカ共和国で実施されてきた人種差別政策になぞらえて，核「アパルトヘイト」体制と呼んだのは，核不拡散レジームが内包する不平等構造の本質を突いた表現といっていい。[9]

再言するまでもなく，こうした不平等構造を本質とする核不拡散レジームが，長期間にわたって国際社会の安全保障と平和にかかるレジームとして存続してきた最大の理由は，核による相互抑止の暗黙のレジーム，すなわちMADのレジームを正統化するための政治的装置として必要不可欠であったからである。MADレジームを構成する諸条約の履行を担保する強制力について，米ソ共に自信を有していたがゆえにこのレジームの有効性は揺るぐことなく継続していったのである。

そして，不拡散レジームの根幹であるNPTの25年間の有効期限が切れた1995年以降，条約の無条件かつ無期限の延長が決まり，5年ごとに再検討会議が国連で開催されてきたが，不平等構造は解消されることなく現在も続く。と同時に，冷戦システムが崩壊した後もなお，MADレジームは崩れることなく冷戦後の国際ステムで生き続けていく。

しかも，冷戦期からポスト冷戦時代に至る過程で，NPTレジームのサブ・システムが着々と重層構造を築き上げてきた。PTBTを嚆矢として非核兵器国の保障措置を実施するIAEAや，さらに1974年に米国の提唱で設立された原子力関連の資機材・技術の非核兵器国や非国家主体への移転を厳しく規制する原子力供給国グループ（NSG），同年7月に米ソ間で締結された150キロトン以上の爆発威力をもつ地下核実験制限条約（TTBT，ウラジオストックで調

印)，さらに1967年に調印されたラテンアメリカおよびカリブ地域における非核兵器地帯条約（トラテロルコ条約）をはじめとする非核兵器地帯条約，1987年に発足したミサイル技術管理レジーム（MTCR），1996年に締結された包括的核実験禁止条約（CTBT）などがそれにあたる。むろんNPT再検討会議もこれに含まれる[10]（図2-2参照）。

このような重層構造の下で非核兵器国が安全保障上の不平等を唯々諾々と甘受してきたわけでは決してない。IAEAによる定期的査察で自国の原子力関連技術が他国の査察官に漏えいすることを恐れた西ドイツが，定期査察をIAEAではなくヨーロッパ原子力共同体（EURATOM）に委ねることを条件にNPTを批准したのも，その一例といってよい。

査察を受けることのない核兵器国との間の不平等と差別の結果，世界の最先端を行く自国の原子力技術がIAEAの査察を通じて他国に漏洩することだけは避けたい，というのが西ドイツの本音であり，ある意味で当然の政策であった。

一方で安全保障上の不平等感と差別意識を和らげる目的から，核保有国はいわゆる「積極的保証（positive assurance）」と「消極的保証（negative assurance）」の約束を非核保有国に与えることとなる。前者は，1968年に国連安保理で採択された決議において，米・英・ソ3国は「核兵器使用の犠牲になるか，それを用いた侵略やその脅威に曝されたNPT参加の非核兵器国に対して直ちに支援すること」を約束したことを指す。しかし，当時フランスと中国はNPTに参加しておらず，この決議に拘束されることはなかった。他方，後者は，超大国との軍事同盟に加わっていないか核の傘によって守られていないNPT参加の非核保有国に対して，核兵器を使用しないことを保証することを意味する（Goldblat, 1994：83-85）。

だが，これら2つの保証も実際に適用されるかどうかはあまりにも不確実であり，非核保有国の安全保障上の不安感（sense of insecurity）を完全に払拭するものではもとよりない。いまだにNPTに加盟しないインドやパキスタンやイスラエルは，特に安全保障上の不利益を負わされかねない不平等と差別に満ちた構造的矛盾に不満を隠さない。同じように，当初からNPTに参加をため

I 「やらせ」の「発見」から「破綻」まで

NPT：核不拡散レジーム　　CTBT：包括的核実験禁止レジーム
TTBT：地下核実験制限レジーム（米ロ二国間）
PTBT：部分的核実験禁止レジーム　　IAEA：非核兵器国査察レジーム
NSG：原子力供給グループ・レジーム
MTCR：ミサイル技術管理レジーム

図2-2　核不拡散レジームの重層構造

らった多くの非核兵器国も，この本質的矛盾に対する不安と不満からNPTに暫くの間参加しなかった。南アフリカ，アルゼンチン，ブラジル，韓国などはその端的な例である。

　さらに厄介なのは，NPTレジームに加わったものの，自国の安全保障上の必要からNPTから脱退を宣言した北朝鮮や，NPT参加国であるにもかかわらずイランに対して国連の安保理決議に基づく非軍事的制裁が科せられてきた点である。が，NPTに加盟せず，すでに核弾頭を保有しているといわれるイスラエルに対しては制裁は何ら科せられない。

　米国が「ならず者」のレッテルを貼った国には不拡散規範を順守しないという理由で制裁を加え，米国の事実上の同盟国と言われるイスラエルにはお咎めなし，とはいかにも均衡を欠いた対応と言わざるを得まい。不拡散規範がいかに核保有国，特に冷戦後の国際秩序の把持者である米国の強制力（coercive power）によって裏付けられているかがよくわかる。

　さらに非核兵器国の不満を掻き立てて止まないのが，核保有国による核軍縮義務の不履行であり，"さぼり"の行為である。なるほど，NPTが発効して以来，1987年12月には長年の懸案であった米ソ中距離核戦力全廃条約（INF）が

締結され，第二次世界大戦後初めての核軍縮条約が日の目を見るには見た。その２年後にソ連・東欧体制が崩壊し，40年余に及んだ冷戦が終結に向かう契機となったのは周知のとおりである。

また，冷戦終結後の1991年に第一次戦略兵器削減条約（START・I）が結ばれたのに続き，2011年には新START条約が成立し，米ロ間の核軍縮が着実に進展したかの印象を与えはした。しかし，新START条約によると戦略核弾頭の保有数は米ロそれぞれ1550発に削減されるものの，戦術核弾頭は手つかずのまま温存される。ミサイル保有数も米ロそれぞれ800基まで削減されることになるが，米国はミサイル防衛システム（MD）の構築を制限しないのに対してロシアは米国によるMDシステムが配備された段階で条約を破棄するという条件が付されている。

確かに，戦略核弾頭数や運搬手段としてのミサイルの保有基数は削減されることが約束された限りにおいて，新START条約も核軍縮条約であり，NPT第６条で謳う核軍縮義務を履行しているかに映る。だが，それは量的に削減するだけの話であって核兵器体系の質的近代化の努力まで規制するものでは決してない。CTBTは1996年に締結されたものの，米国は未だに批准していないどころか，コンピューターによる未臨界核実験やシミュレーションによる核兵器体系の近代化を進めている。

「横の拡散」防止に血眼になった米国は，自国の核兵器廠のスリム化と近代化につながる「縦の拡散」行動に余念がない。ロシアもMDに対抗するために，虎の子のICBMの機動化に血道を上げる。米国に劣らず「縦の拡散」努力を続ける。他の核保有国，たとえばフランスや中国にしても「横の拡散」には敏感に反応はするが，自国の核兵器体系の縮小には知らぬ顔を決め込む。それどころか米ロの近代化努力に遅れを取るまいとばかりに，「縦の拡散」に勤しむ。NPT第６条で謳われた"誠実な"核軍縮交渉は一向に進まず，それどころか「縦の拡散」を止めない核保有国は，非核保有国に対して「嘘」をつき通し，核軍縮を"さぼり"まくってきたのが実態といっても過言ではない。

いずれの核保有国も核抑止の神話にすがり，米ロに至っては21世紀に入ってもなお，MADのレジームに寄りすがる。米国はカーター（Jimmy Carter）政

権以降，米国の核戦略の基本となってきた「警報即発射（launch on warning：LOW）」の戦略態勢を崩すことなく，ロシアの核戦力に対峙する姿勢を堅持する。もちろんロシアも米国と同様の態勢を保つ。

このような米ロ両国の核態勢（nuclear posture）をはしなくも示して見せたのが，2014年3月のロシアによるクリミア併合に際して，ロシアが核戦争準備態勢に入っていたという事実であった。[11]

4 国際政治における「約束履行」問題と核不拡散レジーム

(1) 核保有国の「欺瞞」と「偽善」の行動と"やらせ"

このような「嘘」と「欺瞞」の延長線上にあるのが，核兵器国による"やらせ"の行動である。その典型例として，ここでは米国とイスラエルの関係について一瞥してみよう。

周知のとおり，米国は1948年のイスラエル建国以来，国際社会の中でのイスラエルの行動を一貫して支持してきた。イスラエルの建国宣言に際して，アラブ諸国の反発を懸念する国務省と国防総省がイスラエルの国家承認と政府承認に対して慎重姿勢を示したのに対して，当時大統領選挙で劣勢に立たされていたトルーマン（Harry S. Truman）大統領は米国内のユダヤ票を獲得するとともに豊富なユダヤ関連資金を獲得するためにイスラエル承認を断行した結果，大統領選挙に逆転勝利を収めたことは，米国の中東外交と米国の国内政治の連繋（linkage）構造を示す事例としてしばしば引き合いに出される。[12] 米国の外交政策は国内のユダヤ人社会やユダヤ系の圧力団体の力を無視して形成されることはまずない。そのため米国の真の国益が害されることに対して多くの疑問が投げかけられてきた。[13]

イスラエルが1981年6月7日にバビロン作戦（オペラ作戦ともいう）と称してイラクのタムーズに設置されたオシラク型原子炉を爆撃し，破壊した事件と2007年9月6日にまたもやイスラエルによって実行されたシリアに建設中の北朝鮮製と思われる原子炉を爆撃した事件を想起することができる。イラクの原子炉爆撃に対しては国連安保理決議487が採択されたが，制裁は科せられず，

イラクへの補償とイスラエルにその原子力施設をIAEAの保障措置に委ねることを勧告するに留まった。

イスラエルによる2ヵ国の原子炉爆撃は，明らかな主権侵犯行為であり，国連の制裁措置が合意されたとしても何の不思議もない。しかし，米国の拒否権発動を回避するために微温な非難決議に終わってしまう。イスラエルはイラクに補償することもなく，むろんIAEAの査察を受け入れることもなかった。

これまで，イスラエルによる2つの原子炉爆撃はイランの核開発を牽制するための軍事行動といわれてきたが，それらの行動は1979年のイラン革命以来，中東における米国の敵性国家となったイランの核開発活動を牽制するための"やらせ"の行動ではなかったか。

冒頭で触れた2015年の再検討会議の最終文書の採択に失敗した理由は，米国，イギリス，カナダが中東非核地帯構想を最終文書案に記した部分を理由に不同意を示したことによる。最終文書案では中東非核兵器地帯についての国際会議を2016年3月1日までに開催し，すべての中東諸国が招待されると明記された。

中東非核地帯構想は，NPTに加盟せず，しかも事実上の核保有国とみられているイスラエルを引き込むことを念頭にアラブ諸国が長年訴えてきた構想である。この構想を最終文書に盛り込むことを主張したエジプトなどの国々を批判し，この提案を拒否した米国の意図が事実上の同盟国であるイスラエルを擁護することにあることは歴然としている。

現代国際社会で，いまも最も危険な地域と目され続けている地域が中東地域であることに，異論の余地はない。米国はイスラエルの事実上の核保有には目をつむり，イラクやイランの核保有には国連の非軍事的制裁を背景に断固阻止するための包囲網を形成する一方，自国の「縦の拡散」には国際世論の反対を一顧だにせず邁進してやまない。この行動を「欺瞞」と「偽善」の行動と言わずして，どのような表現があろうか。

イスラエルは1957年にフランスから重水炉を供与され，ネゲブ砂漠の中のディモナ原子力研究所に設置して以降，秘密裏に核兵器開発を進めてきたとされる。同研究所の地下倉庫にはすでに200発を超える核弾頭（一説によれば400発を超えるとも言われる）を貯蔵していると言われる。[14]

I 「やらせ」の「発見」から「破綻」まで

　イスラエルはその事実をこれまで一切公表してこなかった。意図的に公表してこなかったと言われる。「イスラエルは核兵器を保有しているかもしれない」という噂を周辺のアラブ世界に広めることによって、イスラエルはアラブ諸国の攻撃を抑止することを非公表戦略の基礎に据えたといわれる。「核保有の噂 (nuclear rumor)」を広めることで、心理的に相手を抑止するという戦略である。
　こうしたイスラエルの行動が中東地域の安全保障秩序を揺るがし続ける最大の要因の一つになってきたことは否みようもない。先にみたように核不拡散レジームを支えるサブ・レジームの一つが非核兵器地帯であり、トラテロルコ条約（1968年発効）に始まり、ラロトンガ条約（1986年発効、南太平洋非核兵器地帯）やバンコク条約（1997年発効、東南アジア非核兵器地帯）、セメイ条約（2009年発効、中央アジア非核兵器地帯）、ペリンダバ条約（2009年発効、アフリカ大陸非核兵器地帯）などが相次いで締結されてきた。
　残る最も核拡散の危険性の高い地域が中東地域であり、ここを非核兵器地帯にすることは国際社会の平和を担保するためにも必須の条件となってきた。
　だが、米国は中東非核兵器地帯構想をいとも簡単に葬り、再検討会議を失敗に終わらせてしまう。オバマ（Barack Obama）大統領は2009年4月のプラハ演説で核廃絶への決意を語り、ノーベル平和賞を受賞した。が、イスラエルの核保有を暗黙裡に容認することにも通じる行動を平気でとる。これほどあからさまな「偽善」行為はない。
　実のところ、1975年から開催されるようになったNPT再検討会議は核保有国の「欺瞞」と「偽善」の行動に対して、非同盟諸国（NAM）や他の非核兵器国からの異議申し立ての連続で覆われてきたといっていい。本来、NPTの再検討は核軍縮の進捗を議論する過程としてデザインされたものである。
　その過程が核兵器国の「嘘」と「偽善」と「欺瞞」によって覆い尽くされるとなれば、NAM諸国をはじめとする非核兵器国の不満が高まりNPTに背を向ける国が出てきても不思議ではない。中東に次ぐ不安定な地域と目されてきた南アジアで、インドとパキスタンがNPTに加わらず、イスラエルと並んで核不拡散レジームの外に留まり続けながら「事実上の核兵器国 (de facto nuclear weapon states)」の地位を追い続けるのは、こうした不満に通底する感情を

抱いているからである。

(2) 核保有国の「約束不履行」の連続と2つの規範の衝突

NPT第6条は「各締約国は，核軍備競争の停止および核軍備の縮小に関する効果的な措置につき，並びに厳重かつ効果的な国際管理の下における全面的かつ完全な軍備縮小に関する条約について，誠実に交渉を行うことを約束する」（傍点・筆者）と規定する。核兵器を保有しない国の核不保有の義務に対応する義務を核保有国は負ったことになる。

しかし，核兵器国はその義務を誠実に履行しないばかりか，すでに触れたようにNPTレジームの規範に抵触する行動やレジームから脱退しようとする国には容赦なく制裁を科そうとする。北朝鮮とイランに対する制裁がその典型であった。

国際関係論の新制度主義論者（neo-institutionalist）は，国際制度が効果的に機能するための装置として約束不履行に対する制裁が準備され，約束不履行国に対する制裁の脅しによって約束履行が担保されることを強調する。[15]その際に作動する力学が相互主義の原則である。この論理に従えば，いつまでも約束を履行しない核保有国に対して何らかの制裁が科せられてもおかしくはない。しかし，NPTのどの条項にも第6条に規定する約束を履行しない国に対する制裁規定はない。他方，非核兵器国の義務違反には厳しい制裁が加えられる。

これとは反対に，NPTに加盟する非核兵器国はIAEAによる査察を受け入れ，厳重な国際管理の下に置かれる義務を負い続ける。核兵器国による約束不履行の連続と，非核兵器国の約束履行の連続という非対称な関係が，NPTレジームを今も支配し続ける。

そこでは，相互主義の原則はまったく作動する余地はない。ひいては，NPTレジームの根幹である「不拡散規範」は，国際社会の秩序原理ともいうべき「主権平等規範」と常に衝突せざるをえない宿命を背負う。これまでのNPT再検討会議を覆ってきた核兵器国と非核兵器国との対立は，不平等構造の軋みの表われとみることもできよう。NPTレジームが，主権平等規範に背馳する極端な不平等構造に立脚する虚構の構造であることが分かろう。

このようにみれば，約束不履行に対する制裁や報復の脅しによって約束の履行を担保しあうという，相互主義の原則に基づく国際制度の維持と安定の作用を重視する新制度主義論者の理論的前提が，核不拡散の国際制度では成り立たないことが自明となる。むしろ，パワーの強弱によって国家間関係を分析し，規範関係を整理しようとする現実主義の理論的諸前提がNPTレジームを考察するには，もっともわかりやすいパラダイムとなるであろう。

　敢えて再言すれば，NPTレジームの下で核兵器国は核兵器を保有するがゆえに，IAEAの査察を受けることは一切ない。これに対して非核兵器国は保障措置協定に基づく査察を定期的に受ける義務を負う。しかも，イランの事例が示したように，核兵器開発の疑いを抱かれた原子力関連施設への抜き打ち査察（challenge inspection）がIAEAによって強く要求されるという制度が査察制度に組み込まれるとなれば，非核兵器国の不満が高じたとしても不思議ではない。核不拡散レジームがこうした義務の不均衡と非対称性に覆われ続ける限り，その矛盾から逃れ，ビルト・インされた虚構の仕組みから逃れるのは難しい。

　結局，安全保障上の不安全感を抱く国がこのレジームから離脱する欲求を強めたり，最初からレジームに参加しない国が出るのも自然である。前者の代表例が1993年にNPTから脱退を宣言した北朝鮮であり，後者にはイスラエルやインド，パキスタンが挙げられる。ある意味で，主権国家体系の国際システムで最も正直な態度を示してきたのがこのような国々であった，といっても過言ではあるまい。

5　核不拡散レジームはなぜ崩壊しないのか

(1)「正直者が損をする」のか？：併存する「危機の安定」と「危機の不安定」

　それでは，これまでに剔抉した不平等構造の中で「約束不履行」を続ける核保有国が，「嘘」をつき，「偽善」と「欺瞞」の姿勢をあからさまに示し続けても，NPTレジームが崩壊しない理由はいったい何に求めたらよいのであろうか。

　すでにみたとおり，究極兵器である核兵器が生み出した核抑止の神話はいま

も国際政治の世界で生き続ける。NPTを作り上げた米ソ（ロシア）両国は21世紀初頭の現在もなお，MADのレジームをそれぞれの至高の安全保障レジームとして暗黙裡に認め合う。しかも，MADのレジームは冷戦時代よりもはるかに「危機の安定」度を高めてきた。[16] すでに指摘したように，2014年のクリミア危機に際して両国間で「警報即発射（LOW）」態勢が作動したのは，その最たる例である。NPTレジームは，それを支えるサブ・レジームである。

　したがって，MADのレジームが生きながらえる限り，予見しうる将来，NPTレジームが早期に崩壊することはまずない。なぜなら，核保有国は核抑止の有効性を持続させるために，N番目の国が出現するのを阻止することに至高の利益を共有し合うからである。

　問題は，いつまで核保有国が「嘘」をつき通すことができるか，である。国際安全保障の環境は不変ではない。環境の変化によって，安全保障上の必要から核保有を強く意識する国が出てくることは十分あり得る。すでにイスラエルやインド，パキスタン，北朝鮮は核兵器を抑止の手段として保有している。とっくの昔にN番目の国が現れていることは，誰の目にも明らかである。にもかかわらず，これらの国を「事実上の核兵器国」と位置づけ，NPTレジームの枠外に位置づけようとする。ここでも，NPTレジームの虚構性が炙り出される。

　そもそも，NPT成立には将来の核軍縮の進展に一縷の望みがかけられたからこそ，多くの非核兵器国がこのレジームに参加した。したがって，NPTの持続性（sustainability）を保障する鍵は，核軍縮の進展如何にあるのは歴然としている。[17] NPT再検討会議で非核兵器国が際限なく第6条義務の履行を求めたのは，そのためであった。[18] 仮に核保有国の「嘘」と"さぼり"行為が続けば，NPTレジームに綻びが生じそうなものである。

　NPTの規定する差別的措置を受け入れてきた非核兵器国ほど「正直者」はいない。果たして，どれだけ「正直者」が損を覚悟でNPTレジームに留まり続けるであろうか。これは誰しも抱く素朴な疑問であろう。

　ところが，実際には北朝鮮やイランのケースを例外として，NPTレジームの規範は冷戦終結後の国際安全保障を支える根本規範として，現在までのとこ

Ⅰ 「やらせ」の「発見」から「破綻」まで

ろ揺るぐことなく生命力を保っている。国連安保理常任理事国とドイツを加えた6カ国グループとの交渉のすえ，2015年にIAEAの査察を受け入れることを条件に原子力開発計画を大きく修正したことから，国連安保理決議1696以来，一連の決議によって科せられてきた経済制裁が解除される見通しが立ったことで，イランの核開発をめぐる危機は消え去ろうとしている。

　残る争点は，北朝鮮のさらなる核開発の挑戦をいかにして凌ぐかである。周知のとおり，2006年に第1回核実験を実施した北朝鮮に対して国連安保理は決議1718を採択し，さらに2009年の第2回核実験の際には決議1874を，2013年2月の第3回核実験直後には決議2094を相次いで採択し，厳しい経済制裁の包囲網を敷いてきた。だが，現在までのところ，北朝鮮は核開発計画を放棄する意図を微塵もみせない。

　さらに問題を複雑にさせているのが，インドとパキスタンの核保有によってもたらせた南アジア地域の安全保障複合圏（regional security complex）における「危機の不安定」化である[19]。1947年の独立以来，インドとパキスタンは領土問題をめぐって対立を深めてきた。インドが1974年に核爆発装置の実験に成功したことに刺激を受け，パキスタンはカーン（Abdul Qadeer Kahn）博士の下で核開発を進め，インドが1998年5月に核実験を挙行した直後に最初の核実験に成功を収めた。

　その後，両国は核保有国として相互に最小限抑止（minimum deterrence）の戦略に踏み込んでいく[20]。問題は，両国の間に核管理をめぐって具体的かつ信頼に足る信頼醸成措置（CBMs）が施されていない点にある。僅かに両国間にホットラインを敷設することで合意をみたに過ぎない。ジャム・カシミール地域における軍事衝突が，核使用の敷居を低くしてしまう危険性は大いに残されている。交渉はすれども進まず，というのがこれまでの実態であり，南アジア地域安全保障複合圏における「危機の不安定」状況は解消されることなく続く。

　しかも，米国はブッシュ（George W. Bush）政権当時の2007年にインドとの間で原子力協力協定に調印し，原子力発電用のウランの対印移転に同意した。経済発展著しいインドの電力需要の増大を見越したインドの原子力市場への参入を意図したものとはいえ，NPTに加盟していないインドへの原子力関連物

資の移転は明らかに米国の不拡散政策の基本に反する行動である。さすがに最も忠実な同盟国である日本でさえも，ブッシュ政権の政策に公然と異論を発し，NPT 未加盟国への原子力関連物資の移転に不快感を表明したことは記憶に新しい。

米国は NPT レジームの規範を浸透させる責任から，NPT 未加盟国への原子力関連物資の移転を厳しく規制するとともに，自らのイニシアティブで NPT レジームのサブ・レジームとして原子力供給国グループ（NSG）を創設し，多国間規制の頂点に立ってきた。その米国がインドを例外扱いにして，NPT レジームの根本規範に抵触する行動を平気で進める。まさに米国の二重基準の表出であり，ここでも「偽善」行為が際立つ。中東地域の安全保障複合圏で演じてきたイスラエルに対する"甘やかし行為"に相通ずる「偽善」行為といっていい。

（2）進む"闇の拡散"と不拡散レジームの規範の緩み

このような核兵器国による相次ぐ「偽善」行為は，いやがうえにも不拡散レジームを支える規範の緩みを促してやまない。「偽善」行為を重ねる核兵器国への信頼度が，加速度的に低下していくのも当然であろう。

インドとの原子力協力協定を横目に見てパキスタンが原子力協力を視野に含めて中国との接近を強めるのも，対米不信感の裏返しの行動である。そのパキスタンで原爆開発の父，と目されてきたカーン博士がイランやリビア，北朝鮮などとの原子力協力に積極的に関与していたことが2006年に明るみに出た。いわゆる「カーン・ネットワーク」と呼ばれた闇ルートを通じた原子力資機材や原子力関連技術の移転が，長きにわたって行われていたことが暴露されたのである。[21]

カーン博士は，パキスタン当局から告発されたものの，自宅軟禁措置（2004～2009年）という穏便な措置で済まされた。NPT 未加盟とはいえ，パキスタンにとっては国際的な信用失墜行為にほかならない。しかし，国内的には穏便な措置で済まされると同時に，国連を含む国際社会は対パキスタン経済制裁の措置を一切取らなかった。国際社会は"闇の拡散"に神経を尖らせ，国家主体は

Ⅰ 「やらせ」の「発見」から「破綻」まで

もとよりテロ集団などの非国家主体への大量破壊兵器（weapons of mass destruction：WMD）の拡散防止に本格的に取り組もうとしていた矢先の事件である。

核不拡散レジームの参加国でないとはいえ，パキスタンは自国の核兵器製造技術や関連物資の他の非核兵器国への移転を規制することについては，不拡散規範に対応する国内措置をとってきた。にもかかわらず，この規範を犯したカーン博士を自宅軟禁措置で済ませたばかりか，カーン・ネットワークについてパキスタン政府が関与した事実を否定する有り様である。この間にとられたパキスタンの姿勢は，宿敵インドとの原子力協力に踏み切った米国への意趣返しの行動，と言えまいか。

本来なら，国際社会から厳しい制裁が科せられても不思議ではない。しかし，国連の集団制裁はもとより米国などの厳しい独自制裁が科せられることもなかった。肝心の米国はインドとの原子力協力に踏み込んだ以上，パキスタンに制裁の刃を振るうことなど，到底できまい。仮に制裁を行った場合，またしても米国の二重基準に対する非難の声が沸き起こることは必定だからである。

そもそも不拡散規範の効果的な実践を担保するのは，先に示したNSGやMTCRなどの多国間輸出管理レジームと個別国家の国内法制に基づく輸出管理システムとの効果的な連繋である。ところが，多国間輸出管理レジームの規則とルールは，紳士協定の地位しかもたない極めて拘束力の弱い取り決めによって決められている。

冷戦時代の対共産圏輸出統制委員会（COCOM）のすべての合意が紳士協定としての法的地位しか与えられなかったため，共産圏に軍事関連高度技術や物資が野放図に流出した歴史を想起すれば，紳士協定がレジームに参加する国々を縛る効果をほとんど持ちえないことは歴然としている。COCOM体制で「偽善」行為が横行したのは，すべての合意が紳士協定の地位しか与えられなかったからである。かつて，「COCOMには誰一人として紳士はいない」と語ったフランス政府高官の発言ほど，的確に的を射た表現はなかった。[22]

その苦い経験を生かそうともしない。結局，自国の技術上の比較優位や通商上の利益確保を優先せざるをえないことから，レジームに参加するどの国も紳

士協定を条約上の地位に格上げすることを望まない。現在も冷戦時代と変わらず，主権国家体系の中で自国の通商上の利益を縛られることをどの国も好まない。カーン・ネットワークは言うに及ばず，不拡散レジームに参加しない国の主権的判断に属する輸出管理行政に干渉することが許されない行為だとすれば，パキスタンのようなレジーム不参加国はもとより，レジームに参加する非核兵器国から機微技術や物資が世界に拡散するのを阻止することは，およそ不可能に近い。

　2003年のブッシュ大統領による拡散阻止宣言以降，国際社会はいわゆる拡散安全保障構想（Proliferation Security Initiative：PSI）の具体化に着手し，2004年4月に国連安保理も決議1540を採択して非国家主体へのWMD関連物資・技術の移転に規制の矛先を向ける決定を行った。PSIは拡散の懸念がある国家主体へのWMDやミサイル関連物資・技術の移転を規制することも目的に掲げるが，主たる対象はテロ集団などの非国家主体である。このような非国家主体への核兵器の移転や関連物資の移転規制は，9・11同時多発テロ事件以降ますます喫緊の課題となっている。

　核兵器国対非核兵器国の非対称な関係に加え，核不拡散レジームは，もう一つの非対称な構図を組み込もうとしている。9・11事件以降，世界は国家主体対非国家主体の非対称な紛争に巻き込まれてきた。核兵器国による単独の核抑止や拡大抑止は，非国家主体には全く機能しないという逆説に直面しようとしている。言い換えれば，21世紀に入って核不拡散レジームは極めて複雑な方程式に頭を悩まさざるをえない局面に立たされているのである[23]。世界はますます核の混沌に包まれ，これまで経験したことのないもう一つの「危機の不安定」状況に苛まれようとしている。

6　いつまで続く核保有国の「嘘」と「偽善」

　こうして核不拡散レジームは，中東と南アジアの二つの地域安全保障圏で「危機の不安定」状況に向き合うとともに，非国家主体の自律性の増大に伴う「危機の不安定」化状況にも対処することを迫られている。スタートした当時

に予測されなかった事態に直面する不拡散レジームは，このまま矛盾を抱え込んだまま漂流を続けるのであろうか。

　NPT レジーム発足当時の規範が間尺に合わないなら，時代の与件の変化に合わせてレジーム規範の見直しに乗り出せばいいものだが，その気配はまったくない。そのための再検討会議が NPT 第8条の規定に基づいて開催されるのだから，せめてその際に見直しの機運が生まれてもよさそうなものだが，その雰囲気さえない。ただ，再検討会議や国連の第一委員会で核廃絶決議案が提出され，議論は交わされるものの，最後は核保有国の反対で葬られてしまう。今回，オーストリアの提出した核兵器禁止条約提案は核保有国から一蹴され，陽の目をみないまま終わってしまった。

　結局，核兵器国の核軍縮義務は果たされないまま，さらなる質的核軍拡が進み，「危機の安定」を追求するための「嘘」をつき通すのであろうか。こうした「嘘」と「偽善」が続くようだと，やがて非核兵器国の核への誘惑を掻き立てないであろうか。我が国を引き合いに出して考えてみよう。

　我が国が NPT レジームに参加して以来，レジーム規範を忠実に守り，原子力平和利用のお手本ともいうべき立場を堅持してきた。しかし，他方で核燃料再処理計画を国策として進めてきた日本の政策に対して，たとえば米国からしばしば核武装の可能性をめぐって疑念を投げかけられてきたのも，半面の事実である。青森県六ケ所村の再処理施設と濃縮ウラン製造設備に対する疑惑の眼差しが，いまでも向けられる。

　このような米国の目を意識してか，しばしば「日本は潜在的核保有国」という言説が発せられる。[24] すでに高レベルの核燃料廃棄物から作られるプルトニウムの保有量は，40トンを超えるという。こうしたことから，国内はもとより海外からも日本を潜在的核保有国という認識が生み出される。

　NPT 批准当時の国会審議で醸し出された核保有国への強い不信感は，現在の日本ではほとんど消え去ってしまったが，安全保障環境の変化次第で再び蘇えらないとも限らない。このようなシナリオを現実化させないためにも，NPT レジーム規範の一つである核軍縮義務を"誠実に"履行するよう核兵器国に求め続けていく努力は今後とも欠かせない。世界で唯一の被爆国である日

第2章 核不拡散レジームの虚構と現実

本の姿勢がここでも問われよう。

注

1) フランスのような中進国の核武装の必然性については，Un groupe de travail（1969）参照。また米英の核秘密主義に対するフランスの不信については，山本（1979：101-153）参照。
2) 英国の核保有に続く保有可能な国として，当初中国とイスラエルが想定されていたという。Bundy（1988：513）参照。
3) "限定的緊張緩和" の下における危機管理レジームの内容の詳細は，Caldwell（1981），Chapter 2参照。
4) この点，Rhodes（1989: 19-81）参照。
5) この点，Jervis（1983: 191）。
6) ラスク（Dean Rusk）国務長官の大統領あて覚書で，米国は西ドイツにNPT調印時にNATO防衛に関与する旨を約束することを提案した。See, *Memorandum for the President, Subject: Reaffirmation of NATO at time of No-Proliferation Treaty Signing.*（nsarchive.gwu.edu/nukevault/ebb253/doc28.pdf）
7) 以上，Rublee（2009: 64-65）参照。
8) その背景には，MADレジームを支える核抑止の強制力（coercive force）が存在したことを忘れてはならない。この点，Rhodes（1989: chapter 3）。
9) 当時のシン・インド外相の使った表現。Singh（1998）参照。
10) この点，Epstein（1993: 855ff）。
11) 2015年3月15日に明らかにされたプーチン（Vladimir V. Putin）大統領の発言。『毎日新聞』2015年3月17日。
12) この例は，Hopkins and Mansbach（1973: 135）参照。
13) 特にイスラエル・ロビーの大きな影響力については，次の図書が参考になる。Mearsheimer and Walt（2007）。
14) 1992年段階では60発から100発の核兵器を保有していたと言われる。Specter（1993: 456）。中東地域における大量破壊兵器の軍備管理の困難さについては，Kemp（1991: 71-100）参照。
15) 国際レジーム論も，レジーム規範やルールの履行と不履行の相互作用について同じ認識に立っている。この点の詳細は，Breitmeier（2008: chapter 7）参照。
16) 「危機の安定」概念については，Powell（1989: 61-76）参照。

17) Harries (2015) 参照.
18) 再検討会議での非核保有国の主張の詳細は, Epstein (1993) 参照.
19) 地域安全保障複合圏の概念については, Buzan and Waever (2003) 参照.
20) 最小限抑止とは, 少ない核戦力で相手の中枢価値（大都市や産業集積地）に報復攻撃を加えることで相手の先制攻撃を思いとどまらせる戦略をいう. インドとパキスタンはこれを「最小限の信頼抑止（minimum credible deterrence）」と呼んでいる. この点, Feikert and Kronstadt, (2003: 9) 参照.
21) カーン・ネットワークの詳細については多くの文献が著されてきた. 詳細に分析したものとして, たとえば, Corena (2006) 参照.
22) ココム体制内の多くの偽善行為については, 山本 (1982) 参照.
23) この点, Adler (2009: 85-108) 参照.
24) たとえば, 石破茂・元防衛相や森本敏・元防衛相の発言はその代表的な例である. 会川晴之「戦後70年・核回廊を歩く——日本編/62, 潜在的抑止力」『毎日新聞』2015年12月1日, 参照.

参考文献

Adler, Emanuel, (2009) "Complex Deterrence in Asymmetric-Warfare Era," in T. V. Paul, et al., eds., *Complex Deterrence: Strategy in the Global Age,* Chicago: University of Chicago Press, pp.85-108.

Breitmeier, Helmut, (2008) *The Legitimacy of International Regimes.*, Farnham: Ashgate, chapter 7.

Bundy, McGeorge *Danger and Survival: Choices about the Bomb in the First Fifty Years,* New York; Random House, 1988.

Buzan, Barry and Ole Waever, (2003) *Regions and Powers: The Structure of International Security,* Cambridge: Cambridge University Press.

Caldwell, Dan, (1981) *American-Soviet Relations from 1947 to the Nixon-Kissinger Grand Design,* Westport, Conneticut: Greenwood Press, Chapter 2..

Corena, Gordon, (2006) *Shopping for Bombs: Nuclear Proliferation, Global Insecurity and the Rise and Fall of the A. Q. Khan Network,* New York: Oxford University Press.

Epstein, William, (1993) "The Non-Proliferation Treaty and the Review Conference," in Richard D. Burns, (ed.), *Encyclopedia of Arms Control and Disarmament; Vol. II,* New York: Charles Scribner's Sons.

Feikert, Andrew and K. Allan Kronstadt, (2003) *Missile Proliferation and the Strategic Balance in South Asia,* Washington D. C.: The Congressional Research Service, Library of Congress, *CRS Report for Congress* (Order Code RL321159), October 17.

Goldblat, Jozef, (1994) *Arms Control; A Guide to Negotiations and Agreements,* Oslo: International Peace Research Institute.

Harries, Matthew, (2015) "Disarmament as Politics: Lessons from the Negotiation of NPT Article VI," *Research Paper,* London: The Royal Institute of International Affairs, May.

Hopkins, Raymond and Richard W. Mansbach, (1973) *Structure and Process in World Politics,* New York: Harper & Row.

Jervis, Robert, (1983) "Security Regimes," in Stephen D. Krasner, ed., *International Regimes.* Ithaca: Cornell University Press.

Keller, Catherine M., (1975) *Germany and the Politics of Nuclear Weapons,* New York: Columbia University press.

Kemp, Geoffrey, (1991) *The Control of the Middle East Arms Race,* Washington D. C.: the Carnegie Endowment for International Peace.

Krasner, Stephen D., ed., (1983) "Structural Causes and Regime Consequences; Regime as Intervening Variables," in Stephen D. Krasner, ed., *International Regimes.* Ithaca: Cornell University Press.

Mearsheimer, John and Stephen Walt, (2007) *The Israel Robby and U.S. Foreign Policy,* New York: Farrar, Straus and Giroux.

Powell, Robert, (1989) "Crisis Stability in the Nuclear Age," *The American Political Science Review,* Vol. 83, No. 1, March, pp.61-76.

Rhodes, Edward, (1989) *Power and MADness; The Logic of Nuclear Coercion,* New York: Columbia University Press.

Rublee, Maria R., (2009) *Nonproliferation Norms; Why States Choose Nuclear Restraint,* Athens, Georgia: The University of Georgia Press.

Specter, Leonard S., (1993) "The Proliferation of Nuclear Weapons," in Richard D. Burns, ed., *Encyclopedia of Arms Control and Disarmament, Vol. I,* New York: Harper & Row.

Singh, Jaswant, (1998) "Against Nuclear Apartheid" *Foreign Affairs,* Vol. 77, No. 5, September/October.

Un groupe de travail, (1969) "Puissances moyennes et armament nucleaire," *Politique Etrangere*, Vol.34, No.5-6.

山本武彦（1979）「「後発」核先進国における核政策の展開と対照性——フランスと西ドイツを事例として」斎藤優・佐藤栄一編『核エネルギー政策——現状分析と展望』，日本国際問題研究所，101-153頁。

山本武彦（1982）『経済制裁——深まる西側同盟の亀裂』日本経済新聞社。

第3章

選挙とやらせと財政再建──英国・キャメロン政権と安倍政権の比較

上久保誠人

1 はじめに──キャメロン政権と安倍政権を比較する理由

　本章は，日本・安倍晋三政権と英国・デイビッド・キャメロン（David Cameron）政権の経済財政政策を，国政選挙とその選挙に勝つための「やらせ」の有無にに焦点を当てて比較分析する。安倍政権は，2012年12月の衆議院総選挙勝利で政権を獲得した後，2013年7月の参議院選挙，2014年12月の衆議院総選挙，2016年7月の参議院選挙と，約4年間の間に4連勝した。これに対して，キャメロン政権は2010年5月の総選挙勝利で政権を獲得した後，2015年5月の総選挙に勝利するまで，5年間一度も国政選挙を戦うことがなかった。

　両政権の経済財政政策を比較すると，政権発足時に深刻な財政赤字に直面していたことは共通している。しかし，その後の政策の方向性は全く異なっていた。キャメロン政権は，付加価値税（日本の消費税にあたる）の税率引き上げや，各省庁の予算を一律19％削減するなど厳しい緊縮財政を断行した（Johnson and Chandler, 2015）。その結果，内閣支持率は低迷したが，緊縮財政策は次第に効果を現し始め，2015年5月の総選挙が近づくにつれて評価を高めていった。キャメロン政権は総選挙で，地滑り的な大逆転勝利を収めた。[1]

　一方，安倍政権は大規模な金融緩和，財政出動を中心とする「アベノミクス」を打ち出して高い内閣支持率を得た。しかし，アベノミクスの効果が薄れ，経済状況が悪化すると支持率低下を恐れて，消費増税を延期して衆院解散総選挙を行った。政権担当の4年間，選挙には4連勝し，「安倍一強」と呼ばれる強力な政権基盤を築いたが，財政再建は英国に比べて進んでいない。[2]

　本章の問題意識は，日本では選挙が多すぎて，国民が政策を理解する時間が

I 「やらせ」の「発見」から「破綻」まで

なく、政策課題の本質的な解決よりも、「支持調達のための政治的演出」（本書ではこれを「やらせ」と呼ぶ[3]）による短期的な支持獲得が優先されてしまっているのではないかということだ。本章ではキャメロン政権との比較を通じて、この問題意識に対する回答を示す。

キャメロン政権は「2011年議会会期固定法」を制定し、「首相の解散権」を自ら封印して、国会を5年間の固定会期とした（Longhin and Viney, 2015：64-67）。国会会期が固定されたことによって、国民に不人気な緊縮財政策による支持率が低下しても、解散総選挙に追い込まれる心配がなくなった。キャメロン政権は、支持率維持のための「やらせ」を行う必要がなく、政権発足直後から緊縮財政策を国民の前に堂々と並べ、国民に粘り強く財政再建の意義を説くことができた。固定会期の5年間、国民の理解が深まるまで待つことができたことは、財政再建の成功につながったと考えられる。

政治の舞台でバラマキという「やらせ」が繰り返される日本と対照的な英国政治は、なぜ財政健全化が進まないのかという日本政治の長年の課題に対して、1つの示唆を与えてくれると考える。

2 英国・キャメロン政権の緊縮財政政策（2010～2015年）

（1）金融危機の発生と財政悪化：労働党政権の失敗と2010年総選挙

2007年に世界的な金融危機が発生した時、ゴードン・ブラウン（Gorden Brown）首相率いる労働党政権は、厳しい財政状況にもかかわらず景気回復を優先させた（Whiteley, et al., 2013：55-89; Buller and James, 2015）。ブラウン政権が断行した積極財政、減税の景気対策自体は、2009年10月～12月以降にマイナス成長からプラス成長に転じるなど、一定の成果があったとされている（Gamble, 2015；近藤，2010）。だが、その代償として英国財政の急激な悪化を招いてしまった。[4]

2010年5月の総選挙では、財政政策が最大の争点となった。ブラウン政権が、景気対策を優先し、将来的に財政再建に取り組むことを主張したのに対し、野党・保守党のキャメロン党首は、政権を獲得すれば、即座に公共支出の削減を

断行すると公約した（Chote, et al., 2010; Pirie, 2012）。選挙結果は，野党・保守党が307議席を獲得し第一党となった。単独過半数には達しなかったが，ニック・クレッグ（Nick Clegg）党首率いる自由民主党と政策合意し，キャメロン連立政権を発足させた（Longhin and Viney, 2015：59-60）。

（2）「2011年議会会期固定法」の制定と中央政府の予算制度変更

　英国政治の特徴の1つは，省庁の設置，分割，統廃合が首相の専権事項だということだ。首相は政策目的の達成のために，柔軟に省庁の機構変更を行い，大臣の任免を政治的な理由で操作できる。官僚機構の形は頻繁に変更される。これは，国の行政機関の変更は，国家行政組織法と各機関の設置法などの法改正を要す硬直的な仕組みであり，首相に「政府の構造を変更する権限」がない日本とは対照的である（高安，2009：8-11）。

　キャメロン首相はこの権限を行使し，選挙公約である財政再建に取り組むために，政権発足とともに中央政府の予算制度を変更した。予算に関わる透明性と信頼性を高めるために政策の基礎となる経済見通しの作成を行う予算責任庁（Office for Budget Responsibility：OBR）を設置した（Johnson and Chandler, 2015：161-164）。また，ジョージ・オズボーン（George Osborne）財務大臣を委員長とし，各省庁の政策経費の歳出限度額を削減させるために，閣僚で構成される「歳出委員会」（Appropriations Committee）を新設した[5]。キャメロン政権は首相権限で新しい予算制度を設立し，財政再建の公約達成に向かったのである。

　また，前述の通り，キャメロン政権は2011年9月11日に「2011年議会期固定法」を制定した（Blick, 2015）。首相が「解散権」を自ら封印して，英国下院の会期を次回総選挙までの5年間と固定会期制とするものであった[6]。これは，英国では第二次大戦後に例がない連立政権の不安定さを補うことが目的であったが，不人気な財政再建を支持率低下に影響されることなく断行することもその中に含まれた（Norton, 2016）。

（3）付加価値税増税の即時決定と緊縮財政策の断行

　キャメロン政権は，2010年6月に緊急予算「予算2010（Budget2010）」を発表

45

した。オズボーン財務大臣は「予算演説」で公務員給与の2年間の凍結（年間33億ポンド減），「児童手当」等の給付制度の3年間の凍結（年間110億ポンド減）など4年で25％の歳出削減（総額300億ポンド減）の断行を発表した(Gamble, 2015)。また，この予算演説では，2011年1月に，付加価値税を17.5％から20.0％に引き上げることも発表された。英国では財政危機に対応するために，首相が増税を決断すれば，議会での審議も法律制定も必要なく，即日実行できる(Chote, et al., 2010)。これも，日本にはない首相の強力な権限である。

2010年10月には，次の総選挙まで（2014年度まで）の4年間にの各省の歳出削減の見通しを記した「歳出レビュー」(Spending Review：SP) が発表された(Gamble, 2015)。各省が平均で19％の歳出削減を行うことで，4年間で総額810億ポンド（約10兆5300億円）の歳出を削減する策が示されたのである。具体案は，年間70億ポンド（約9100億円）の福祉支出の削減，国・自治体合わせて公務員の1割（49万人）削減，公務員昇給の数年間凍結，国民年金の支給開始年齢の引き上げ，大学教育への補助金40％削減であった(Timmins, 2015; Travers, 2015; Smithers, 2015)。

厳しい緊縮財政政策の一方で，キャメロン政権は，医療，教育，国防などを「国家の最優先事項」として例外扱いし，所得税の控除額拡大や，法人税の引き下げ，などの減税を実行した。特に法人税は，2015年4月からは20％という先進国の中では非常に低い水準になった(Johnson and Chandler, 2015：160-161)。しかし，過酷な緊縮策に対する国民の動揺は止められなかった。景気への悪影響，失業率の悪化，社会的弱者への打撃などが心配され，キャメロン政権の支持率は低迷し，長期にわたって労働党に10％以上のリードを許すことになった。連立与党の保守党と自民党は，2012年の地方選挙で議席を失い敗北した（兼村，2014）。だが，キャメロン政権は「固定会期」によって政権維持の危機に陥ることはなく，緊縮財政策を継続し続けた。

（4）キャメロン政権の経済財政政策の結果と2015年総選挙の勝利

キャメロン政権は，緊縮財政策を継続したが，景気浮揚に無策だったわけで

はなかった。住宅取得に政府保証を付ける住宅市場活性化や，法人税率のEU最低水準への引き下げによる海外企業の誘致や投資の積極的な呼び込み，量的緩和政策の実行などを巧みに織り交ぜた経済政策を打ち出し，それは次第に効果を現し始めた。ロンドンを中心に住宅価格が年間3割近く高騰し，住宅バブルといわれる状況になった。また，中国を中心に海外からの投資が増え，鉱工業部門だけではなくサービス部門も成長率を押し上げた（Chris, 2013）。2009年にはマイナス4.3％まで落ち込んでいた実質GDP成長率（対前年比）が，14年に2.6％まで回復した。12年1月には，8.4％だった失業率も6.5％まで下がった。[7] 財政健全化自体は遅れ気味だったが，徐々に改善傾向となり，2018年度に財政黒字化が実現すると予測されるようになった（Johnson and Chandler, 2015 : 185-192; Whiteley, et al., 2015 : 4-24）。

　2015年5月の総選挙が近づくにつれて，キャメロン政権の経済財政政策は国民から高評価を得るようになった（Bale and Webb, 2015; Geddes and Tonge, 2015 : 255-262）。保守党の支持率は，長期間労働党の後塵を拝し続けており，選挙戦開始時点では，どの党も過半数を取れないと見られていた。しかし，保守党は支持率を急回復し，投票日直前には保守党・労働党の支持率が34％ずつと拮抗する，史上まれにみる大接戦となり，総選挙当日に保守党は遂に大逆転した（Denver, 2015）。保守党は28議席増で単独過半数（下院定数650）越えの331議席を獲得し，自由民主党との連立を解消，単独政権を発足させた。[8]

3　日本・安倍政権の経済政策「アベノミクス」と財政健全化（2012～2014年）

（1）「選挙と支持率」に苦しんだ日本の首相[1]
　　：第一次安倍，福田，麻生政権

　日本の歴代政権は，支持率の低下と度重なる選挙に苦しみ続けてきた。2006年9月，5年5ヵ月の長期政権を築いた小泉純一郎内閣が総辞職した後は，第一次安倍，福田康夫，麻生太郎，鳩山由紀夫，菅直人，野田佳彦と，2012年12月の第二次安倍政権発足まで，約6年間で7人の首相が交代した。短命内閣が

Ⅰ 「やらせ」の「発見」から「破綻」まで

続いた理由は，政権発足直後になんらかの理由で内閣支持率が低下し，立て直す間もなく選挙を迎えてしまい，選挙前に再選の危機にある議員の突き上げで総辞職に追い込まれたか，選挙で惨敗して退陣せざるをえなくなったからである。

　第一次安倍政権は，「戦後レジームからの脱却」をスローガンに，歴代自民党政権が成し遂げられなかった「教育基本法改正」「防衛庁の省昇格」「国民投票法」「公務員改革」などの実現に突き進んだ。これらは，戦後「タブー」とされてきた政策課題であり，安倍首相の保守的な言動や「お友達」と称された側近重視の稚拙な政権運営も加わって，国民，官僚，族議員，野党，マスコミの激しい反発を買った。また，官邸主導で任命した本間正明政府税調会長，閣僚の松岡利勝農水相，佐田玄一郎行政改革相，赤城徳彦農水相らが次々とスキャンダルに見舞われた。安倍首相はスキャンダルへの対応に失敗した。さらに，「消えた年金」問題での安倍首相の軽率な言動と対応の誤りも致命傷となった。安倍政権は，政権発足後わずか10か月の2007年7月参院選で歴史的大惨敗を喫した（上杉，2007；後藤，2014：1-80）。

　2007年9月発足の福田康夫政権は，参院選大惨敗による「ねじれ国会」の運営に苦心惨憺となった。小沢一郎民主党代表（当時）との「大連立」交渉に失敗した後は，「日銀総裁人事」などで参院を支配する民主党の徹底的な抵抗姿勢で立ち往生してしまい，国民からの支持を失った。福田首相は，支持率を上昇させて，9月に予定された自民党総裁選，その後の衆院選を乗り切るために，内閣改造と自民党執行部人事を断行したがうまくいかず退陣した。福田政権もわずか1年の短命政権となった（読売新聞政治部，2008；後藤，2014：81-155）。

　自民党総裁選で勝利し，後継となった麻生太郎首相は，マンガ好きを公言し，ネットを中心に若者に人気が高いとされており，「選挙に勝つこと」を期待された。首相就任直後には支持率50％を超え，解散総選挙の絶好の機会だったが，リーマン・ショックが起こった。解散総選挙よりも金融危機への対応を優先せざるを得なくなり，そのうちに麻生首相の「失言」が度重なり，内閣支持率が急落してしまった。麻生首相は衆院選を前に，支持率回復を図ろうと，予算総額15.4兆円の補正予算案を提示した。一般会計予算88兆円と合わせると，史上

最高の103.4兆円にも達する大規模予算であった。だが，2009年9月の衆院選で惨敗し，民主党に政権を明け渡すことになった（読売新聞政治部，2009；後藤，2014：157-223）。

福田・麻生政権時で1つ指摘しておきたい。「少子高齢化で膨らむ社会保障費に見合う税収を確保するために，消費税率を2010年代半ばまでに10％程度に引き上げる」ことを決定し，後に民主党政権で，「社会保障と税の一体改革」として結実する改革をスタートさせていたことである（清水，2015：151-186）。しかし，その取り組みは，政権交代を求める「空気」に押し流され，その重要性を国民が理解することはなかった。

（2）「選挙と支持率」に苦しんだ日本の首相(2)：民主党政権

2009年9月の総選挙大勝で政権を奪取した鳩山由紀夫民主党政権は，自民党政治を否定する斬新な政策を打ち出した。予算関連では，「事務次官会議廃止」など官僚を政策過程から排除し，政務三役が省庁での法案作成，省庁間の調整，閣議への提出まですべてを主導する「政治主導」，「経済財政諮問会議」の廃止など審議会の見直し，予算編成権を財務省主計局から奪おうとする「国家戦略局」構想，行政の無駄を国民に公開しながら削減しようという「事業仕分け」という画期的な取り組みであった（日本再建イニシアティブ，2013）。

だが，鳩山政権は最初の予算編成で大苦戦した。「子ども手当」「高校無償化」などマニフェストに記した目玉政策がことごとく財源問題に直面したのだ（清水，2015：186-196）。また，鳩山首相，小沢幹事長の「政治とカネ」の問題，首相の「普天間基地移設問題」における「最低でも県外」の公約をめぐる混乱，幹事長による予算編成への介入という「政治主導」の混乱などで，鳩山政権は急速に支持率を失った。2010年7月に予定された参院選のために民主党内は動揺し，鳩山政権は2010年6月，わずか266日で退陣した（日本経済新聞社，2010）。

民主党代表選の結果，菅直人財務相が後継首相に就任した。菅政権の発足直後の支持率は60％を超えた。その上，谷垣禎一総裁率いる野党・自民党が，不人気な「消費税率の10％への引き上げ」を参院選公約としたため，民主党の参院選勝利は確実と思われた。ところが，菅首相が消費税について「自民党が提

案している10％を1つの参考にしたい」と唐突に発言してしまい，支持率が急落した。参院選で民主党は現有の54議席を大きく下回る44議席にとどまった。これ以降，民主党政権は参院で過半数を失う「ねじれ国会」に悩まされることになった（伊藤，2013：37-45）。

しかし，菅首相は参院選の敗北でも，消費増税の公約を撤回することはなかった。鳩山政権時に副総理・国家戦略相として予算編成に取り組み，民主党の目玉政策が財源問題に直面するのを経験し，財政赤字削減の困難という現実を思い知ったからであった。そして，2010年1月に財務大臣に就任して以降は，それまでの「雑巾を絞っても，一滴も出ないくらい無駄削減に取り組むまでは増税しない」という考え方を転換し，消費増税と財政再建の必要性を強く訴えるようになっていた（清水，2015：196-198；大下，2012：345-363）。

だが，菅首相は参院選惨敗から2ヵ月後の2010年9月に，民主党代表選を闘わねばならなかった。民主党内の小沢前幹事長を中心とするグループや，鳩山前首相は，菅首相の軽率な発言が参院選惨敗の敗因となったと厳しく批判した。菅首相と小沢前幹事長が正面から激しい選挙戦は首相の辛勝となったが，首相就任からわずか3ヵ月で二度も選挙の洗礼を受ける混乱は，首相の信頼を失わせ，支持率は大きく低下した（後藤，2014：319-327）。

民主党代表選を制して，菅首相は「社会保障と税の一体改革」をスタートさせた。11年1月の内閣改造では，自民党を離党した与謝野馨氏を経済財政相に起用し，改革を進めようとした（清水，2015：203-205）。しかし，11年3月11日に東日本大震災・福島第一原発事故が起こった。首相は事故処理に追われることになり，中部電力に対する浜岡原子力発電所の全面的な運転停止を要請など，「唐突な決断」が批判を浴びることになった。自民党は「内閣不信任案」を提出し，民主党内から同調者が出るかもしれないという騒ぎとなった。首相は「退陣表明」をしてこれを収めざるを得なかった（後藤，2014：371-419）。菅首相の政権運営は混乱を極めた。だが，2011年6月「社会保障と税の一体改革」の素案を決定し，消費増税と社会保障の議論を地道に進めたことは重要である（清水，2015：205-213）。

2011年9月，菅政権退陣後の民主党代表選で勝利した野田佳彦は，「社会保

障と税の一体改革」に「政治生命を賭けて」政権をスタートさせた。しかし，民主党内で小沢グループなどの消費増税反対の声が噴出して混乱した。また，「ねじれ国会」で参院の過半数を制する自民党など野党が，民主党のマニフェスト政策を「バラマキ4K」と批判し，完全撤回を野田政権に強硬に要求した。政権運営は困難を極め，内閣支持率が低迷することになった。だが，自民党は消費増税そのものに反対しなかった。2012年2月，谷垣総裁は野田首相と極秘会談し，消費増税について協調路線にシフトした。自民党は，社会保障政策についての民主党との大きな隔たりについて，「社会保障制度改革国民会議」を設置して議論を継続することを提案した。自民党の狙いは，消費増税に協力することで，小沢グループ離党による民主党の分裂であった。また，政権交代が近づいたことを意識し，民主党政権の間に消費増税を決めたほうがいいという判断もあった。さらに言えば，そもそも，消費増税は福田・麻生政権時代に自民党が打ち出したものであった。政権担当が長い自民党は，民主党よりもより財政再建の重要性を認識していた（清水，2015：213-220；伊藤，2013：326-334）。

　結局，民主・自民・公明による消費増税のコンセンサスが形成され，消費増税関連法案は圧倒的多数で可決された[9]。民主党分裂にもかかわらず，実に国会議員の約8割が賛成する「大政翼賛会」並みの大規模な合意形成であった。

　しかし，消費増税法案成立直後から，衆院解散総選挙をめぐって政局が急展開し始めた。消費増税実現の立役者の一人となった谷垣総裁は，野田政権を解散に追い込めなかったなど政局の対応を批判されて，9月の自民党総裁選に立候補できなかった。自民党総裁には，安倍晋三氏が復帰した。一方，野田首相は民主党代表選には勝利したが，解散の圧力に抗することはできなかった。結局，12月に解散総選挙を断行したが，民主党は衆院選で惨敗し，野田政権は退陣することとなった（後藤，2014：517-574）。

（3）安倍政権：アベノミクス始動から2013年7月の参院選勝利まで

　2012年12月，安倍晋三自民党総裁は大胆な経済政策の転換を訴えて衆院選で勝利し，民主党から政権を奪還した。安倍首相は第一次政権時，さまざまな問題の噴出で支持率が急落し，わずか365日で退陣していた。この経験から，安

倍首相は「高支持率」を維持することの重要性を学んだと考えられる。第二次政権では，「戦後レジームからの脱却」という「タブー」に挑戦することはひとまず脇に置いて，多くの国民が望む「デフレ脱却」「景気回復」のための経済政策の断行を最優先した。[10]

　安倍政権は「三本の矢」（金融緩和，公共事業，成長戦略）からなる経済政策「アベノミクス」を打ち出した。まず，アベノミクス3本の矢の1本目，金融政策である。安倍政権は，円高・デフレ脱却に向けて，2％の物価上昇率目標を明記し，一体で金融緩和や規制緩和を進め早期の目標実現を目指すとする政府・日銀の共同声明を決定した。また，4月には黒田東彦日銀新総裁が，資金の供給量を2年で2倍に拡大する「異次元の金融政策」を断行した。金利を下げることで為替を円安に誘導し，輸出企業の業績改善を狙うものだった（清水，2015：227-230；237-242）。

　第二の矢・公共事業については，2013年1月，12年度補正予算に盛り込む事業規模20兆円の緊急経済対策を発表し，民主党政権で減らされてきた公共事業の大幅な増額を柱に据えた。2012年度当初予算の公共事業関係費とほぼ同額の，巨額な財政出動であった。首相は「実質GDPを2％押し上げ，約60万人の雇用を創出する」と宣言した。[11]

　自民党本部には陳情に訪れる業界団体の自治体関係者が押しかけて大賑わいとなった。党政調会の各部会では，族議員から公共事業の上積みを求める大合唱が起きた。国土交通部会では，民主党政権で止まった八ッ場ダムやスーパー堤防，道路整備の再開を求める声が相次いだ。農林部会では，補正予算の農林関係の総額が1兆39億円となることが決まったが，農水族議員の要求により1日で100億円以上増額となった。緊急経済対策の公共事業にも，高速道をつなぐという事業，農業農村整備事業，病院の耐震化や保育所整備などのハコモノ事業など，必要かどうか疑わしいものが含まれた。[12]

　総額10.2兆円の12年度補正予算と総額92.6兆円の2013年度予算を合計すると，予算規模は過去最大規模の100兆円を超えた。国債発行額は，民主党政権時に財政ルールとして定められていた44兆円を大きく上回る49.5兆円に達した（清水，2015：233-236）。しかし，「アベノミクス」は国民に好感され，安倍内閣の

支持率は60%を超えた[13]。

　安倍政権は第3の矢・成長戦略については，経済財政諮問会議を復活させ，日本経済再生本部・産業競争力会議を始動させることで検討を本格化させた。検討された成長戦略は，① 新しい産業や成長分野を国が応援する「戦略市場創造プラン」，② 日本から企業が流出するのを防ぎ，雇用や所得の増大も目指す「ニッポン産業再興プラン」，③ 貿易の活性化などをめざす「国際展開戦略」の3つの戦略で，具体的には「医療機器を承認しやすくして輸出増」「鉄道や原発などインフラ輸出増」「特許などで海外から利益増」「農業は競争力強化で輸出増」などだった[14]。だが，これらは歴代の内閣が取り組んだ成長戦略と変わりばえのしないものであり「日本企業の競争力強化策」なので，基本的に誰も反対しないものだった。その一方で「岩盤規制」と呼ばれた強固な既得権益に切り込むことはできなかったために，成長戦略は，乏しい内容でお茶を濁したと批判されてしまった[15]。

　安倍内閣が取り組むべき政策として，野田内閣時代の民主・自民・公明の「三党合意」を引き継いだ「社会保障と税の一体改革」があった。これは，消費税率を引き上げて，急増している年金，医療，介護など社会保障給付の財源とする一方で，社会保障費の削減・抑制を目指すものであった。また，社会保障政策のあり方については「社会保障改革国民会議」で議論されることとなっていた（清水，2015：220-222）。

　しかし，安倍政権になって，この「国民会議」の存在感は全くなくなった。安倍首相は，社会保障制度改革には全くやる気がないように見えた。民主党政権から継続した政策であり，「三党合意」に安倍首相が全くかかわっていなかったためである（清水，2015：255-256）。また，社会保障制度改革が，高齢者に対する年金・社会保障費の削減という不人気な課題だったからだとも考えられる。安倍政権は，社会保障制度改革に手を付ける意欲は薄かった[16]。

　財政再建については，「2015年度までに国・地方の基礎的財政収支（プライマリーバランス）の国内総生産（GDP）対比の赤字を10年度比で半減，20年度までに黒字化する」という財政健全化目標達成が「国際公約」となっている（清水，2015：246-247）。この実現の第一歩が，2014年から8％，2015年から

10％に消費増税を行うことだが，安倍首相は，消費増税を予定通り実行するかどうか，明言を避け続けた[17]。

　税制については，安倍政権発足後，自民党税制調査会の活動が復活した。これは，政府税制調査会を重視した民主党政権時代の方針を転換したものである。民主党政権では政府税調を，業界代表を排除し，専門的な知見に基づいた意思決定の場に改革した。その結果，民主党政権下で税調は「『増税』を決める場」となり，消費増税の実現に貢献した（大下，2012：339-340）。

　一方，自民党は政権復帰後，政府税調を排除して党税調を活発化させることで，税調を「『減税』を決める場」に戻した。自民党税調は，2013年1月下旬に出した与党税制改正大綱で「消費税率を8％に引き上げる来年8月までに自動車取得税と自動車重量税の廃止」「設備投資を拡大する企業や給与を増やす企業に対する減税措置」「社員の給与を上げた企業の法人税額減」「祖父母が孫への教育資金をまとめて贈った場合に贈与税を非課税にする制度」など，いかにも自民党らしい業界や地域の要望を吸い上げた減税策を次々と打ち出した[18]。これは，かつての自民党長期政権下の党税調のあり方を復活させるものであった。

　安倍政権の最優先事項は，政権発足後約半年で迎える2013年参院選に勝利であった。第一次政権時の悪夢を繰り返さないために，自民党内の族議員や連立与党の公明党，霞が関の官僚機構，経済界などと衝突する可能性のある政策は避けて，ひたすら高支持率維持に努めたのである。

（4）安倍政権：参院選勝利後から，2014年12月の総選挙まで

　2013年7月の参院選で，安倍首相はアベノミクス「第一の矢」「第二の矢」の成果を強調し勝利した。衆参「ねじれ国会」は解消し，首相は「決められる政治」の実行を宣言した[19]。

　安倍首相は消費増税に関して，2013年10月に，当初の予定通り消費税率を現行5％から，2014年4月に8％に引き上げると決断した。アベノミクス第一・第二の矢で経済状況が好転したためであった[20]。安倍政権が財政再建に向けて，ようやく第一歩を踏み出したと言えた。しかし，一方で安倍首相は，増税によ

って明るさの見え始めた景気が腰折れするのを回避するために，さまざまな手を打った。

2014年度予算編成が始まると，各省庁が概算要求で軒並み前年度より大幅増の要求を行った。たとえば，厚労省は，高齢化社会による社会保障費の増大を背景に，13年度当初予算に比べ3.8％増の30兆5620億円と，過去最大の予算要求を行った。[21] 一方，国土交通省は，一般会計総額13年度当初予算比16％増の5兆8591億円の概算要求を行った。公共施設の耐震化など防災や老朽化対策の公共事業関係費の増加や，政府の成長戦略を後押しする重点配分枠として，都市やインフラの国際競争力向上に向けて首都圏空港や大規模港湾の機能強化などが含まれた。[22] そして，自民党の厚生労働族や国土交通族が，党政調会の部会で予算獲得を後押しした。2014年度予算の一般会計の総額は，過去最大の95兆8823億円に達した。歳出で最も大きい社会保障費は4.8増の30.5兆円と，初めて30兆円を突破した。[23]

税制面に関しては，安倍政権は「法人税の実効税率引き下げ」を決定した。法人税を1％下げると5000億円の税収減になる。代わりの財源を確保できなければ，消費増税が無意味になり，15年度の財政健全化達成が困難になると財務省は強く抵抗したが，「景気の維持」「デフレ脱却」に拘る首相が押し切った。また，税制面に関しては，安倍首相は党税調に対して「税制でもレジームチェンジ（体制転換）が必要だ。今までになかったことを考えてほしい」と迫り，日銀による大胆な金融緩和に続く税制面での思い切った措置を促した。これを受けて，党税調は，設備投資やベンチャー投資，事業再編を促すための思い切った減税措置を取りまとめた（清水，2015：253-260）。

さらに，安倍首相や麻生太郎副総理・財務相，甘利明経済再生相ら経済閣僚が，再三に渡って企業に「賃上げ」を要請した。それは，事実上産業界に「圧力」をかける厳しいもので，その結果2014年の春闘では，トヨタ自動車など自動車メーカー5社が月2000円以上のベアで決着するなど，大手を中心に，基本給を一律で引き上げるベアが相次いだ。[24]

しかし，安倍政権が最優先課題としていた「成長戦略」は，なかなか進展しなかった。2013年秋の臨時国会は「成長戦略国会」と名付けられていたが，実

I 「やらせ」の「発見」から「破綻」まで

際には国会は,安全保障関連の法案をめぐる議論一色となった。2013年12月,「国家安全保障会議設置法」「特定秘密保護法案」を成立させたが,高い内閣支持率と圧倒的な巨大与党の力に驕り,権力を乱用していると,厳しく批判された[25]。2014年に入ると,安倍政権はさらに「武器輸出三原則」に代わり武器輸出の基準を大きく緩和する「防衛装備移転三原則」を閣議決定した[26]。7月には「集団的自衛権の限定的行使容認」の憲法解釈変更を閣議決定するなど,安全保障政策をさらに進展させた[27]。

ようやく成長戦略が策定されたのは,集団的自衛権の憲法解釈変更に焦点が当たっていた2014年6月だった。産業競争力会議で「新成長戦略」が策定された。前年度の批判を乗り越えるために,法人税,雇用,医療,農業の「岩盤」と呼ばれてきた規制の改革を柱とした。税収減を懸念する財務省と自民党税調,雇用改革に反対の労働界,医療改革に反対の日本医師会,農業改革に抵抗するJA全中と自民党農林族と,既得権を守りたい抵抗勢力の反対は根強かったが,安倍首相側が高支持率をバックに,ほぼ押し切る展開となった[28]。

だが,安倍政権がようやく国民の痛みを伴う規制改革に取り組もうとした矢先,消費増税の経済への悪影響が顕在化してきた。2014年4-6月期のGDP速報値が前期比(年率換算)マイナス6.8％と大きく落ち込んだ。また,2014年上半期(1-6月)の国際収支状況で貿易赤字が過去最大になった。急激な各種経済指標の落ち込みに,「アベノミクスは失敗だ」という海外報道まで出てきた[29]。

これに対して,10月31日,日本銀行の黒田東彦総裁は,マネタリーベース(通貨供給)を毎年80兆円に増やすなどの追加緩和を発表した。これは市場の意表を突くもので,1ドルは112円台まで上昇し,日経平均株価も700円以上あがった。「黒田バズーカ2」と呼ばれたこの政策は,サプライズとしてはまずまずの戦果を上げたように見えた[30]。だが,それでも11月17日に発表された2014年7-9月期のGDPの一次速報は,年率換算でマイナス1.6％と,予想より悪かった。翌18日,安倍首相は2015年10月に予定の消費税率の引き上げを先送りした。そして,その是非を問うために衆議院の解散・総選挙に踏み切る考えを表明した(清水,2014:280)。

安倍首相の解散総選挙の決断には，「大義名分がない」との批判の声が上がった。「来年10月の消費増税に賛成する政党などない。なんのための解散なのかわからない」（海江田万里民主党代表）からだった[31]。与党である自民党・公明党だけではなく，野党側でも維新の党，社民党，共産党など元々消費増税に賛成していない党のみならず，「三党合意」の一角だった民主党でさえ消費増税先送りに賛成だった。消費増税を実現した張本人の野田佳彦前首相でさえ，消費増税の先送り自体は容認していたのだ。要するに，与野党の誰も実質的に反対していない政策を「総選挙の最大の争点」に据えているという，非常に例外的な解散権行使であった。

　安倍首相は，この批判に対してさすがにマズイと考えたのか，後に「アベノミクスの是非を問う選挙」と言い直した。首相は「アベノミクス，この道しかない」と訴え続けた。アベノミクスにはさまざまな批判があったが，「デフレ脱却」「景気回復」という国民の望みに応えてはいた。野党はアベノミクスへの有効な対案を出すことができなかった。結局，争点が明確にならず，野党が攻め手を欠く低調な総選挙になり，安倍・自民党が国政選挙で3連勝を飾った（清水，2015：280-28）。

4　分　　析

　本章では，英国・キャメロン政権と日本・安倍政権の経済財政政策を記述してきた。ここからは，両政権の比較分析を行う。キャメロン政権は，「やらせ」を一切行わなかった。政権発足直後から，首相の強力な権限で緊縮財政を断行するための制度改革を行い，消費増税，歳出削減を即座に打ち出した。厳しすぎる財政再建策は国民の厳しい批判を浴びて内閣支持率が低迷したが，首相の解散権を任期いっぱいの5年間封印する「2011年議会期固定法」を制定して不退転の決意を示した。最終的にその成果を国民が評価し，2015年総選挙に勝利した。

　一方，安倍政権は，財政再建の重要性に対する認識はあったが，金融緩和・公共事業・減税という短期的な景気浮揚策や，政府による企業への賃上げ依頼

Ⅰ 「やらせ」の「発見」から「破綻」まで

などという「やらせ」を繰り返した。遂には,「2015年10月の消費税率10％の引き上げ」も先送りとなった。財政健全化目標の達成は明らかに遠のいている。安倍首相が「やらせ」を繰り返す理由は,国政選挙から国政選挙の間があまりに短期間であることと考えられる。それは,国民にとっても問題が多い。消費増税の是非も,経済財政政策の評価が,短期的な観点からしかできなくなるからだ。長期的な観点から財政健全化の重要性を理解する時間的な猶予が国民に与えられていないのである。

5　まとめ──選挙で国民に「期待」を問う日本,「成果」を問う英国

　安倍政権は2014年12月に,キャメロン政権は2015年5月に,共に直近の総選挙に勝利したが,その後の経済財政政策は対照的である。キャメロン政権は,再び厳しい緊縮財政策を打ち出した。またしても厳しい反対に晒されている。だが,キャメロン政権は動揺を見せていない[32]。一方,安倍首相は国政選挙3連勝で得た圧倒的な政治的エネルギーを財政再建に使うことができていない。2015年前半は,安全保障法制が最重要の政治課題となり,経済財政政策は後回しとなった。安保法制国会審議中の2015年6月,安倍政権は「新たな財政再建計画」をまとめてはいる。しかし,経済財政諮問会議の民間委員は「景気が良ければ税収は増える」という楽観的な見解を示すだけで,「経済成長頼みの財政再建」と批判されるものとなった。安保法制の審議中に,国民に負担増を強いる財政再建を正面から扱うのは難しく,腰が引けた議論しかできなかったのだろう[33]。

　安倍政権は9月に安保法制を国会成立させたが,国会において野党の猛批判を浴び,国会外にも反対でもが広がった[34]。安倍首相は2016年7月の参院選に向けて,経済政策で支持率を回復させることを狙うために「一億総活躍社会」を打ち出した[35]。厚生労働省,経済産業省や文部科学省など各省庁は「一億総活躍」の予算獲得に向けて動き始め,省内に一億総活躍社会を推進する政策会議を立ち上げ,具体案作りに着手した。省庁間の主導権争いが始まり,その予算を狙った族議員やさまざまな業界が予算獲得を目指して跋扈し始めた[36]。

そして，2016年の年明けから，安倍政権は7月の参院選に向けて，消費増税の再延期に動き出した。まず，ノーベル経済学賞受賞者ら世界の著名な経済学者を首相官邸に呼んで，その「お墨付き」を得ることで消費増税延期の空気を醸成しようとした。[37]

　また，2016年5月26日，27日に日本・伊勢志摩で開催された主要国首脳会議(G7)で，安倍首相は世界経済の情勢が「リーマン・ショック前と似ている」との認識を示した。それに対しては各国首脳から異論が出たものの，「金融政策，機動的な財政政策，構造改革をそれぞれの国の事情を反映させつつ，バランスよく協力していくことが重要である」という点では一致した。

　安倍首相は，記者団との会見で会談の成果を強調した。だが，「バランスよく協力」の解釈は各国で異なった。マッテオ・レンツィ伊首相やフランソワ・オランド仏大統領らから財政出動について賛意を得たが，アンゲラ・メルケル独首相，キャメロン首相は，財政出動に慎重な姿勢を崩さなかったのだ。特に，キャメロン首相は，「私は構造改革が非常に重要だと思っている」と述べた。[38]結局，「バランスよく協力」を意味は，安倍首相とキャメロン首相の間で，真逆に解釈されたといえる。

　だが，安倍首相にとっては，首脳間の解釈の違いなど問題ではない。安倍首相は国内向けに，ノーベル経済学賞受賞者やG7を，消費増税延期の「国際的なお墨付き」を得るのに使っただけだからだ。安倍政権は参院選直前に，2017年4月に予定されていた8％から10％への消費増税を，2019年10月まで2年半延期することを決定した。[39]

　結局，重要なことは「選挙で国民になにを問うのか」ということではないだろうか。英国では，選挙は政権の政策実行の「成果」を評価するために行われる。政権は発足直後から，緊縮財政など国民に痛みを強いる政策をぜんぶ包み隠さず国民の前に出し，実行に移していく。そこに一切の「やらせ」はない。5年間の政権任期の間に国民に理解が広がり，その成果は選挙で国民に評価されると信じている。だから，短期的に支持率が下がっても気にすることはない。

　日本では，これから政権が行う政策に対する「期待」を，国民に問うている。選挙と選挙の間が短いため，国民がそれまでの政権の政策内容を理解し，評価

する十分な時間がない。そのため，政権は国民に今後の「期待」を訴えるしかなくなる。政治の現場では，景気対策など「期待」を高めるための「やらせ」が次々と国民に提示されることになる。

　日本においても，政治家が正直に，痛みを伴う不人気な政策を国民の前に提示できるようになる必要があるのではないだろうか。それには，政治のスケジュールの中で，国民が落ち着いて政策内容を理解し，その成果を評価する十分な時間が確保されなければならない。

　日本では，財政赤字が拡大する問題は，政治家，官僚，業界や国民のモラルの問題と捉えられがちである。しかし，たとえどんなに高いモラルを持とうとも，「選挙が多すぎる」という制度的な問題の解決なしでは，「やらせ」は止められず，財政健全化の実現化は難しいのではないだろうか。衆院選，参院選，そして政党の総裁・代表選のあり方を抜本的に考えるべき時期が来ていると考える。

注

1) BBC News "Election 2010"

   (http://news.bbc.co.uk/ 2 /shared/election2010/results/ 最終アクセス2015年10月20日)

2) 田中秀明「経済教室：財政健全化をどう進める（下）」『日本経済新聞社』(2015年6月24日朝刊)

3) 「やらせ」の定義は，本書第一章を参照のこと。

4) 英国の対GDP比の財政収支は，2006年には-2.92％（独-1.60％，仏-2.34％，伊-3.59だったが，2009年には-10.82％（独-3.00％，仏-7.16％，伊-5.27％）へと急激に悪化した。財政制度等審議会（2009）『財政制度分科会　海外調査報告書，英国報告（平成21年6月）』を参照のこと。

5) 財務制度等審議会（2012）『財政制度分科会海外調査報告書　英国（平成24年）』を参照のこと。

6) Political and Constitutional Reform Committee, Fixed Term Parliamenta Bill (Second Report of Session 2010-11, House of Commons, 9 September 2011).

7) Office for National Statistics (ONS), ILO unemployment rate, all aged 16-64 (LF2Q).

8) The Financial Times "UK general election: in depth"
（http://www.ft.com/intl/indepth/uk-general-election，2015年10月20日最終アクセス）
9)『日本経済新聞』2012年8月11日朝刊。
10)『日本経済新聞』2013年1月28日夕刊。
11)『日本経済新聞』2013年1月12日朝刊。
12)『朝日新聞』2013年1月10日朝刊。
13)『朝日新聞』2013年4月16日朝刊。
14) 八田達夫「経済教室：成長戦略の評価（上）」『日本経済新聞』2013年6月19日，宮川努「経済教室：成長戦略の評価（下）」『日本経済新聞』2013年6月20日。
15)『朝日新聞』2013年6月15日朝刊。
16)『朝日新聞』2013年1月22日朝刊，『日本経済新聞』2013年1月11日朝刊。
17)『日本経済新聞』2013年7月28日朝刊。
18)『日本経済新聞』2013年1月25日朝刊。
19)『朝日新聞』2013年7月22日朝刊。
20)『日本経済新聞』2013年10月2日朝刊。
21)『朝日新聞』2013年8月27日朝刊。
22)『朝日新聞』2013年8月28日朝刊。
23)『日本経済新聞』2014年3月1日朝刊。
24)『日本経済新聞』2014年3月18日朝刊，3月19日朝刊。
25) 杉田敦「（異議あり，特定秘密法）強権的，政治に不信」『朝日新聞』2013年12月7日朝刊。
26)『朝日新聞』2014年4月2日朝刊。
27)『朝日新聞』2014年」7月2日朝刊。
28)『日本経済新聞』2014年6月14日朝刊。
29) The Financial Times "Abenomics' arrows fail to hit their mark"
（http://www.ft.com/intl/cms/s/0/4cbeb78e-2a12-11e4-a068-00144feabdc0.html 最終アクセス15年9月30日）
30)『日本経済新聞』2014年11月1日朝刊。
31)『日本経済新聞』2014年11月19日朝刊。
32) The Financial Times "Osborne asks Whitehall to plan 40% budget cuts"
（http://www.ft.com/intl/cms/s/0/6e982940-2fba-11e5-8873-775ba7c2ea3d.html#axzz3s1ZPa2Fz 最終アクセス2015年11月20日）

33）『日本経済新聞』2015年6月11日朝刊。
34）『朝日新聞』2015年9月19日夕刊。
35）『日本経済新聞』2015年9月25日朝刊。
36）『日本経済新聞』2015年10月18日朝刊。
37）『日本経済新聞』2016年3月16日朝刊。
38）『朝日新聞』2016年5月27日朝刊。
39）『朝日新聞』2016年6月2日朝刊。

参考文献

Bale, T and P. Webb (2015), "The Conservatives: Their Sweetest Victory?" in A. Geddes, and J.Tonge eds., *British Votes* 2015, Oxford University Press. pp 41-53.

Blick, A. (2016), "Constitutional Implications of the Fixed-Term Parliament Act 2011," *Parliamentary Affairs* 69, pp.19-35.

Buller, J. and T. S. James (2015), "Integrating Structural Context into the Assessment of Political Leadership: Philosophical Realism, Gordon Brown and the Great Financial Crisis," Parliamentary Affairs 68, pp.77-96.

Chote, R., R. Crawford, C. Emmerson, and G. Tetlow (2010), *Filling the Hole: How do the Three Main UK Parties Plan to Repair the Public Finances?* Institute for Fiscal Studies.

Chris, G. (2013) "Fragmented Democracy: Politic Policy and Governance in a Divided Age," in British Politics Group of APSA.

Denver, D. (2015), "The Results: How Britain Voted," *Britain Votes* 2015, pp.5-24.

Gamble, A. (2015), "Austerity as Statecraft," *Parliamentary Affairs* 68, pp.42-57.

Geddes, A. and J.Tonge eds., (2015), *British Votes* 2015, Oxford University Press.

Geddes, A. and J.Tonge, (2015), "Conclusions: Economic Narratives and Party Leaders," *British Votes* 2015, pp.255-262.

Johnson, P. and D. Chandler (2015), "The coalition and the economy," in A. Seldon and M. Finn eds., *THE COALITION EFFECT 2010-2015*, Cambridge University Press. pp 159-193.

Longhlin, M. and C. Viney (2015), "The coalition and the constitution," in Seldon and Finn (eds.) *THE COALITION EFFECT 2010-2015*, pp 59-86.

Norton, P. (2016), "The Fixed-term Parliaments Acts and Votes of Confidence", *Parliamentary Affairs* 69, pp.3-18.

Pirie, I. (2012), "Representatives of economic crisis in contemporary Britain," *British Politics* Vol. 7, 4, pp.341-364.

Seldon and M. Finn eds., (2015) *THE COALITION EFFECT 2010-2015*, Cambridge University Press.

Smithers, A. (2015), "The coalition and society (II): Education," in Seldon and Finn eds., *THE COALITION EFFECT 2010-2015*, pp 257-289.

Timmins, N. (2015), "The coalition and society (IV): Welfare," in Seldon and Finn eds., *THE COALITION EFFECT 2010-2015*, pp 317-344.

Travers, T. (2015), "The coalition and society (I): Home affairs and local government," in Seldon and Finn eds., *THE COALITION EFFECT 2010-2015*, pp 228-256.

Whiteley, P., H. D. Clarke, D. Sanders, and M. C. Stewart (2013). *Affluence, Austerity, and Electoral Change in Britain*. Cambridge University Press.

Whiteley, P., H. D. Clarke, D. Sanders, and M. C. Stewart, (2015), "The Economic and Electoral Consequences of Austerity Policies in Britain," *Parliamentary Affairs* 68, pp.4-24.

伊藤裕香子（2013）『消費税日記：検証　増税786日の攻防』プレジデント社。

上杉隆（2007）『官邸崩壊――安倍政権迷走の１年』新潮社。

大下英治（2012）『財務省秘録』徳間書店。

兼村高文（2014）「英国キャメロン政権の緊縮財政政策と地方財政――国の政策で財政危機に追い込まれた地方自治体とその対応」『自治総研』通巻434号：26-45。

後藤謙次（2014）『ドキュメント平成政治史３――幻滅の政権交代』岩波書店。

近藤俊之（2010）「政権交代後の英国の経済，財政運営について――保守・自民連立政権による新たな予算を中心に」『経済のプリズム』(81)：1-10。

清水真人（2015）『財務省と政治――「最強官庁」の虚像と実像』中公新書。

高安健将（2009）『首相の権力：日英比較からみる政権党とのダイナミズム』創文社。

日本経済新聞社編（2010）『政権』日本経済新聞出版社。

日本再建イニシアティブ（2013）『民主党政権　失敗の検証』中公新書。

読売新聞政治部（2008）『真空国会：福田「漂流政権」の深層』新潮社。

読売新聞政治部（2009）『自民崩壊の300日』新潮社。

新聞

BBC News（http://news.bbc.co.uk/）

I 「やらせ」の「発見」から「破綻」まで

The Financial Times（http://www.ft.com/）
朝日新聞
日本経済新聞

　政府資料等

Office for National Statistics（ONS）, ILO unemployment rate, all aged 16-64（LF2Q）

Political and Constitutional Reform Committee, Fixed Term Parliamenta Bill（Second Report of Session 2010-11, House of Commons, 9 September 2011）.

財政制度等審議会（2009）『財政制度分科会　海外調査報告書，英国報告（平成21年6月）』

財務制度等審議会（2012）『財政制度分科会海外調査報告書　英国（平成24年）』

II 「やらせ」の演出

第4章

「やらせ」の経済社会学
―― どんなタイプの合理性に訴えようとしているか

後藤玲子

1　本人の同意と関与を伴うステージ設定

　いうまでもなく，個人の合理的な意思や行為に先だつ「ステージ設定」（社会的場面の設定）が，「やらせ」であるか「やらせ」でないかを同定することは極めて難しい。本章は，この「やらせ」について，はじめに，社会科学における「観測問題」と他者介入という観点から，より一般的に考察する。つづいて，個人の意思決定と社会的選択という観点から，より具体的に分析する。

　ただし，本章が注目する「やらせ」とは，個人の合理的な意思や行為に先だって，あるいは，それらを同時進行形で伴いながら，社会的に構成されていく「ステージ設定」（社会的場面の設定）が，本人の同意と関与を伴いながら，結果的に，本人の利益を大きく損ねる事態を指すものとする。以下に本章の問題関心と方法を述べよう。

　社会的な意思決定のあり方について，近年，新たな関心が高まっている。投票や立法というマクロな視点からばかりではない。個人の意思決定というミクロな視点からも，その仕組みやからくりについて関心が高まっている。いかに個人的な事柄であったとしても，それに関する個人の決定は，社会の集合的な意思に翻弄される状況がある一方で，本人の境遇を含む社会状態を，少しなりとも変化させる力をもつからである。

　とはいえ，どこまでが本人の意思であり，どこからが本人の意思を離れた事柄であるのか，どこまでが個人の主観であり，どこからが個人の主観を離れた客観であるのか，切り分けることは難しい。たとえば，困窮している事実を要件として生活保護をなそうとする場面で，あるいは，虐待が「在る」という事

実をもとに政策的介入を実行しようとする場面で，また，個人の責任の所在を要件として保険金支払額を決定しようとする場面で，難しさが露呈する。

　決定時の主体の意思が確立していれば，それが社会的意思から独立したものであることは明白となろう。だが，実際には，主体が，社会的決定を先取りしつつ，それに自らの選好を適合させることにより，当初の本人の意思から離れた結果を甘受せざるをえなくなる可能性は否めない。あるいは，社会的決定の進行をさえぎることができないまま，終結を迎え，当初の本人の意思とはずれた結果を容認せざるをえなくなる可能性も否定できない。

　もちろん，これらのケースが本人の利益に反するかといえば，かならずしもそうではなく，結果に対する新たな意味解釈がなされ，本人がそれに適合的な行動をとることにより，その後の利益がかえって高まることが期待されるケースもある。問題はむしろ，本人の意思と利益のずれが――本人も含めて――人々に明確に認知されるのは，本人の利益に明白に反する帰結がもたらされてからだという点にある。もっといえば，本人の意思と利益のずれが認知されたときには，取り返しがつかない事態になっているおそれのある点にある。

　注記すれば，本章は「社会」という語を，社会学で標準的な「集まり」の意で用いる[1]。一方，個人に関しては，経済学でしばしば仮定されるように，制約条件下で，最適化行動をとるものと仮定する。すなわち，個人は，自分がたまたまそこに居合わせた「集まり」の「社会的場面」あるいは「状況」に対応しながら，自己の目的やプランの実行可能性を探り，複数の異なる規範をバランスづけつつ，自己の最適な行為を決定していると仮定する。

　以上の関心のもとに，本章の3節では，「ステージ設定」が本人にとってかならずしも悪いとは言えない事例を検討する。つづいて，4節では，それは「やらせだ！」と介入しなくてはならない事例を検討する。次節では，本章の基礎となる背景理論を紹介しよう。

2　ゴッフマン，フーコー，そしてセン

　筆頭は，社会学者アーヴィング・ゴッフマン（Erving Goffman）である。た

Ⅱ 「やらせ」の演出

とえば,彼の次の指摘は興味深い。

> 人は社会的状況の中にいるがために,規範に従って様々な自分の行為を修正するのである。その結果,たがいに居合わせる人びとは単なる集合から小規模の社会に,あるいは小規模の集団に,あるいは小規模の社会組織にと変化する。……(状況適合的に自分の行為を修正する)その行為の全体は小規模の社会的体系をなしていることがわかる。
>
> (ゴッフマン,1980,カッコ内の挿入は筆者)

ゴッフマンはここで,個々人の「行為の全体」から「社会的体系」へという図式をとらえる。彼によれば,個人は,他者といる時,本人の注意・関心・志向的「関与能力」を,「集まり」全体に,さらに「集まり」の背後にある「社会的場面」に向けているという。さらに,個人は,社会的場面に支配的な規制(網目細工)や適切とされる行為パターンを察知しながら,一定の「関与配分ルール」を採用し,そのもとで自己の行為を決めているという。

ここで,「関与配分ルール」とは,主要な関与の他に,離脱,不可解な関与,自己の身体への関与,非関与の余地など,さまざまな関与の形態をウエイトづけるルールを指す。個人は,一定の「関与配分ルール」の受容,あるいはその変更を通して,ある「集まり」とその背後にある社会的場面に帰属したり,そこから逸脱したり(あるいは疎外されたり)する。「集まり」と社会的場面からの逸脱に対する罰は,通常,きびしいものであるという。

興味深い点は,「関与能力」(注意・関心・志向)の配分は,個人の合理性――限定されたものであれ――を意味する点である。状況との対応で個人は,自らの関与能力を合理的に配分しながら,自己の行為を決めている。そうだとしたら,はたしてどれだけ合理的な配分の余地をもつかは,本人の自由を表すことになる。そして,(個々人の)「行為の全体」から「社会的体系」へという図式は,個人の合理性と自由に基づく社会的秩序の生成プロセスを示唆することになる。ただし,ゴッフマン自身の主要な関心は,自己の行為を決定する個人の合理性と自由が,本人の「集まり」への帰属意識に依存して,いかに深く

強く制限されるかに向けられる。

　このようなゴッフマンの議論に啓発されつつ，本章の関心は個人の合理的な意思決定場面に絞られる。本人にとってきわめて重要な決定をなす場面——以下の事例では，生活保護を申請するかどうかの決定——で，その場に居合わせた「集まり」と，その背後にある「社会的場面」が，個人の「関与能力の配分」を通して，どのように本人の決定を作用するのか，そのプロセスを分析することにある。

　ゴッフマンの視角との相違は次の点にある。本章は，正統派経済学のとらえる個人の選択の自由と合理性，ならびに，個人の権利の尊重と民主主義という政治的規範を議論のより前景に出す。そのもとで，「集まり」と「社会的場面」に対する個人の「関与」と，背後にある個人の帰属意識への社会的規範の影響をとらえ返すことにある。この文脈では，ミッシェル・フーコー（Michel Foucoult）の「全体的なものと個的なもの」という議論が参照される（北山・山本，2005）。

　フーコーは，「市民の上に行使される政治的権力」は，おうおうにして，個人が，「特定の厳密に設定された目的の枠内で，理性をもって説得されて，ある特定の誰かの意思に従う」形をとること，その要点は，意思決定に際して個人が，「ある特定の誰かの意思に従う」のは，暴力やあからさまな強制ではなくて，合理的な説得によるものであること，むしろ，その「誰か」との協同行為の形をとる場合のあることを指摘する（北山・山本，2005）。

　容易に想像がつくように，個人が「理性をもって説得され」て「特定の誰かの意思に従う」場合は，たとえその結果が本人の利益や自由を制約することになろうとも，それを「やらせ」ととらえることはきわめて困難となる。

　たとえば，経済学において，特定の政策目標の実現を意図したインセンティブ（誘因）政策が，「やらせ」として非難されることは稀である。インセンティブ（誘因）政策とは，個々人が制約条件下で自己利益最大化を図ることを前提として，結果的に，政策目標が実現されるように，制約条件を緩和あるいは強化するものを指す。このような操作が，倫理的にも容認されるのは，ルールの公共性（公示性）が担保されるとともに，選択における個人の合理性——背

後にある選好の主観性・主体性——が担保される、と説明されるからである。

　だが、たとえ個人の合理性・主体性が担保されたとしても、導出された結果が本人の利益や自由に反したものとなるおそれがあるとしたら、操作のプロセスを注意深く分析する必要があるだろう。再度、フーコーの言葉を引こう。

　　誰かが何かを合理化しようと試みる場合に、本質的な問題は、そのひとが合理性の諸原理に則っているか否かを調べることではなく、かれがどんなタイプの合理性に訴えようとしているかをみつけること（である）。
　　　　　　　　　　　　　　　　　　　　　　　　（北山・山本、2005：12-3）
　　人々が応用しているのは「理性一般」なのではなく、いつもある種の非常に特定的な合理性であるから。　　　　　　　　　　　　　　　（同：49）

　フーコーのこの関心は、『合理性と自由』におけるアマルティア・セン（Amartya Sen）の関心とも重なる。4節では、センの社会的選択理論の枠組みを用いて、生活保護を申請するか否かという、極めて重要な個人の意思決定プロセスにおいて、そこでありえたかもしれない「非常に特定的な合理性」をとらえることを試みる。それに先立って、次節では、観測対象が人間であるという特色をもつ社会科学における「やらせ」について、一般的な考察を加える。

3　問題関心と方法

　1960年代の中ごろ、ヴェルナー・ハイゼンベルグ（Werner K. Heisenberg）は、主著『現代物理学の自然像』（1965年、みすず書房）で、自然科学の方法に関して次のような警鐘を鳴らした。

　　自然科学はもはや観察者として自然に立ち向かうのではなく、人間と自然の相互作用の一部であることを認める。分離、説明そして整理という科学的方法は、方法が対象をつかむことによって対象を変化させ、変形するということ、それゆえ方法はもはや対象から離れえないということによって

課される限界を知るに至る。　　　　　　　　（ハイゼンベルグ，1965：23）

　ここで，ハイゼンベルグは，科学は対象に対して中立ではありえないと指摘した。観測行為が対象の在りようを変化させるおそれがあるからであり，観測する際の光，理性，時間，場それ自体が，観測行為にともなって変化する可能性があるからだ。「観測問題」と呼ばれるこの難問は，社会科学にも深い問いを突き付けた。観測者の立場を離れて対象をありのままとらえることが，はたしてできるのだろうか。

　社会科学の場合には，まさに，観測の対象が人間であるために，観測行為もまた，他の人間との相互連関行為の一部に他ならない。観測することは，ただちに他者への介入を意味することになる。的外れの観測は，対象をとらえ損ねるのみならず，対象を深く傷つけかねない。社会科学において観測問題は深刻な問題をはらんでいる。

　この文脈で，優れたドキュメンタリー映画（本人は「リアリティ・フィクション」と呼ぶ）を輩出しているアメリカの映画監督フレデリック・ワイズマン（Frederick Wiseman）の次の発言は興味深い。

　　撮影クルーの存在，キャメラとテープレコーダーの存在が，彼らの行動に変化をもたらすことはないと思う。……あれが彼らの実際の日常であり，彼らは退屈を紛らわせ，自分たちを楽しませようとしていたのだ。……わたしの映画は，さまざまな場所と状況における「ふつうの行動」についての記録である。
　　　　　　　　　　　　　　　　　　　　　　　　　　　（舩橋，2011）

　これは，「どのように人びとがキャメラの前でも自然に振舞えるようにするのか」というインタビューでの質問に対する答えである[2]。彼は続ける。例として，『法と秩序』という作品の一場面を挙げる。

　　人は「なぜキャメラが居る前で，警官は人の首を絞めたりするのか」というかもしれない。しかし実際は，警官自身が，自分を殴って逃走した売春

Ⅱ 「やらせ」の演出

婦を取り押さえるための行動として「適切」だと思ったから,キャメラの前でも躊躇しなかったのだ。　　　　　　　　　　　　　　　(舩橋,2011:173)

　この場面について石村研二は次のように解説する。「売春婦は,ワイズマンたちのクルーが当てたライトにまぶしげに顔をしかめ,服の裾で顔を隠そうとするのだが,警察官はそれを払い落とす。売春婦の女性はこれが発表されることによって自分の人生に影響があるかもしれないし,警察官は行き過ぎた暴力を非難されるかもしれないのに,だれも異議を唱えなかったのだという」(石村,2011:322)。映画が上映されてからも,やはりフィルム削除の請求は誰からも来なかったという。その理由をワイズマン自身は次のように説明する。

　(一つは)われわれ人間のほとんどが,突然別人のように振る舞えるほど演技能力には長けていないということだ。……もう一つは,ひとは撮影されることをうれしがるというものだ。　　　　　(舩橋,2011:26-27)

　カメラがとらえる人びとは,いわゆる合理的計算を放棄した,道徳的算段をも放棄した,けれども,決して自己を放棄したわけではない,しっかりとした理性的な光を放っている。得になろうが損になろうが,善かろうが悪かろうが,自分がいま,ここで警官に首を絞められたことは,否定しようのない事実である。この文脈で,フーコーの次の言葉が参照される。

　人間はこの世で正当 honestum なるものに従ってさえいれば天上の幸福への道を開いてくれるそのような誰かを必要としているのです。

(北山・山本,2005:53)

　逃げて警官につかまったことも,売春の現場を取り押さえられたことも,そして,これまでいつ,つかまってもおかしくなかったことも,はっきりとした事実なのだ。ライトはこれらの事実をいっぺんに照らした。照らし出された事実に忠実であろうとすることは,彼女の意思であり,そのような意思と行為を

自分が選んだということに，彼女は救い（天上の幸福への道）を託している。警官も同様である。ワイズマンはいう。「警官は<u>その状況において</u>自分の行動を妥当だと考えている」（舩橋，2011：173，アンダーラインは筆者）。もちろん，自分がその行為をとることについて，警官も問題を感じていないわけではないだろう。首を絞めずに済むのだとしたら，その方がいい，けれども，それができる状況ではないから，その限りにおいて妥当な手段をとった。長谷正人が指摘するように，ワイズマンのカメラには，「公的システムを無人称的に運営するにあたっても，個々の人間がどうしても消すことのできない「公的身体性」とでも呼ぶべきものが，生々しく露呈している」（長谷，2011：265）。

　「公的身体性」を露呈している点では，「売春婦」も同じである。彼女は，カメラの向こうに何を感じたのだろうか。フィルムを通して彼女を初めて見る不特定多数の人びとの眼だろうか。警官につかまって首を絞められている一人の女を，物見遊山で眺める人びとの眼だろうか。そうではないだろう。彼女にとって，自分がこうしてカメラに曝されていることは，ささやかな公共的活動である。ある事柄が少なくとも1人の人間の身に起こった。その事実を，わが身をもって伝えることに，公的使命に近い感覚をもったとしてもおかしくはない。

　もしそうだとしたら，彼女がカメラ越しに見る人びとは，もはや単なる不特定多数ではない。自分を撮影するワイズマンらをも含めて，全身で事実を伝える彼女を見，見たという事実を否定できなくなった特定の人びとである。見てしまったからには，それを否定するには意思か，時間を積極的に費やさなくてはならない。観察者（目撃者）となった人びとである。

　以上の考察から社会科学における観測問題について，示唆される点をまとめよう。第一に，対象が，人間（個体）であるかぎり，観測者と対象者との間にはコミュニケーションが生まれる余地がある。言葉，トーン，声質，表情，身振りなどを通して，一刻一刻と変化する対象者の像が，観測者に直接伝達される。それらを観測者の主観的な指標（快・不快，好悪，美学，モラル）にどう位置づけるのか，対象者自身の福祉と自由に対してどのような多次元尺度を当てるのか。

　対象者をどのくらいの包括的視野でとらえられるかは，ハイゼンベルグが指

摘するように，受け手自身の立ち位置に依存する。公的機関であれば，フーコーがいうように，「統治」という観点からの統一が要請される。民間企業であれば，貨幣的な損益の観点からの統一が要請される。社会科学であれば？おそらく各々の観測目的に依存した整形・加工を免れ得ないだろう。ただし，社会科学であれば，複数の対象者たちの変化を追跡しながら，新たな対象者たちを発見し，より包括的視野を獲得できるように，自らの理論を深化させていくことが可能であるかもしれない。

　第二に指摘されることは，社会福祉の言葉を用いれば，観測行為は他者介入にほかならない。観測目的が，対象者の直面している困難と，解決の手立ての発見に設定されるとしたら，他者介入は，対象者自身の協力を得ることによって，ポジティブな意味に転ずる契機をもつ。観測者と対象者のコミュニケーションが，対象者の利益に向かって収束するであろうことが，対象者自身に確信されることもある。

　もちろん，観測者の発話が，対象者の沈黙を強めるおそれも否定できない。また，観測者 – 対象者という非対称的な関係がコミュニケーションを歪める可能性も否定できない。通常，組織は，公的機関であれ，企業であれ，同様の案件を同様に処理しなくてはならず，潜在的対象者を迎え入れるために，目前の対象者を押し出さなくてはならないという限界をもつからだ。次節ではそのようなケースを取り上げて，問題の所在を分析しよう。

4　札幌市姉妹餓死事件

　平成24年1月20日，マンション管理会社から警察に対し，前年12月から連絡がつかない入居者がいる旨の通報があり，入居者2人（姉42歳，妹40歳）の死亡が発見された。姉は年末に病死（脳内血腫）しており，知的障害のある妹（40歳）は姉の死後に凍死したとみられている。記録には「ガス平成23年11月末，電気24年1月中旬供給停止，生活保護相談歴あり[3]」とある。

　両親はすでに他界し，姉妹は2人暮らしだった。姉は失業中で，慢性疾患を抱えながら求職活動を行い，妹の世話をしながら，3度にわたって白石区役所

へ相談に訪れていた。収入は妹の障害年金月額6万6,008円のみ，家賃は滞納，国民健康保険も未加入状態にあった。

　生活保護法によれば，当該世帯の最低生活費は18万4,720円である[4]。姉妹はなぜ生活保護を受給できなかったのだろうか。このような疑問に対して，白石区役所は「(本人が) 申請の意思を示さなかった」からだと回答した。その経緯は次のように語られた。

　1回目の相談（2010年6月）時，本人より，雇用保険を受給する可能性についての「申立てがあった」。それを受けて，職員は「生活保護のしおり」をもとに，求職活動の必要性と「高額家賃について」（現在居住するマンションが基準よりも3000円上回ることを指す）教示したという。

　2回目の相談（2011年4月）時，本人より，ハローワークの教育訓練給付金が1週間後に2か月分給付される（さらに2週間後には妹の障害年金を合わせて30数万円の収入が見込まれる）が，それまでの生活が苦しいという「申立て」があり，職員は「生活保護又は社協貸付については，決定まで一定の日数を要する旨伝え」，パンの缶詰を必要分だけ渡したという。ここで，貸付制度とは，「生活資金福祉貸付制度」（社会福祉法第2条第2項第7項「生計困難者に対して無利子又は低利で資金を融通する事業」，実施機関は都道府県社会福祉協議会）を指す。

　3回目の相談（2011年6月）時，本人より，「後日関係書類を持参したいとの申立てがあった」。一方，職員は「要保護状態にあると認識していた」ものの，「手持金の具体的な額，ライフラインの状況について未聴取」であり，「関係書類がなくても申請が可能であることを教示したかどうか」，あるいは，「健康状態について確認，助言をしたかどうか」については「記憶していない」という。また，「相談者が当日申請しなかった理由」についても「不明」であるという[5]。ただし，面接受付票には，「知的障害のある妹が体調を崩し，仕事に行けない状態になり，研修期間で辞めた。給与なし。その後も…続かず1週間程で辞めてしまった」と記載されている。

　通常，窓口の職員が缶詰のパンを渡すのは，生活保護受給者が現金を落としてしまったなどの非常時に限られるという。その目的は，「食事をする」機能

Ⅱ 「やらせ」の演出

の援助でも,「栄養を摂取する」機能の補助でもなく,緊急に「餓えを逃がす」ことにある。つまり,職員は2回目の相談の時点で,姉妹が「要保護状態にあると認識していた」。そうであるにもかかわらず,なぜ,生活保護の「当日申請」が実現しなかったのだろうか。

考察の手がかりは,白石区福祉事務所の職員が説明に用いた「生活保護のしおり」等である。[6] 後者には次のことが記載されている。受給のためには,「精一杯働く」,「一生懸命仕事を探す」「努力」が必要であること,また,生命保険,マンション,その他,「高価な物品」(親の遺産も含めて)の「処分」が必要であること,受給できるのは,「これらの努力をしてもなお生活に困る」場合に限られること。この記述の根拠とされる法律は,「補足性の原理」と呼ばれる生活保護法第4条である。つづく第5条とあわせて以下に記す。

> 第4条 保護は,生活に困窮する者が,その利用し得る資産,能力その他あらゆるものを,その最低限度の生活の維持のために活用することを要件として行われる。
> 2 民法(明治29年法律第89号)に定める扶養義務者の扶養及び他の法律に定める扶助は,すべてこの法律による保護に優先して行われるものとする。
> 3 前2項の規定は,急迫した事由がある場合に,必要な保護を行うことを妨げるものではない。
> 第5条 前4条に規定するところは,この法律の基本原理であつて,この法律の解釈及び運用は,すべてこの原理に基いてされなければならない。

また,「申請主義」の根拠法は次である。

> **生活保護法第7条** 保護は,要保護者,その扶養義務者又はその他の同居の親族の申請に基いて開始するものとする。但し,要保護者が急迫した状況にあるときは,保護の申請がなくても,必要な保護を行うことができる。

職員が，この「生活保護のしおり」を手に説明をしたこと，しなかったことは，姉の意思と行為（申請しなかったという）に影響を与えた可能性がある。はたして，どのようなルートで，どんな影響を与えたのだろうか。

次節では，姉が，彼女自身の選好評価をもとに，「合理的」に行動することを仮定して，アマルティア・センの社会的選択理論の枠組みを適用する。社会的選択理論は，一般に，個々人の選好とそれらを集計して「社会的選択」をもたらす選択手続きの性質を主題とする。セン型社会的選択理論の特徴は，特に，個人の選好の多層性と選択手続きとの対応関係の解読，とりわけ多様な合理性の解読に焦点を当てる点にある。[7]

5　個人の合理性と社会的選択

(1) 基本モデル[8]

一定数の構成員からなる社会を想定する。個々人は，一定の非空の選択肢集合に対して，反射性，非循環性を満たす選好を表明するものとする。この個々人の表明する選好プロファイルをもとに，一定の選択肢集合から非空の部分集合（すなわち「選択集合」）を特定する方法を，ここでは「社会的選択関数」[9]と呼ぶ。[10]「社会的選択関数」は，次の2つの条件を満たすものとする。

「パレート原理」：任意の一対の選択肢 x と y に関して，すべての個人が x を y より好むとしたら，x を含む選択肢集合から（x が利用可能である限り），y が社会的に選択されてはならない。

「個人の決定権」：ある一対の選択肢 x と y に対して，ある個人が x を y より好むとしたら，x を含む選択肢集合から（x が利用可能である限り），y が社会的に選択されてはならない。同様に，y を x より好むとすると，y を含む選択肢集合から（y が利用可能である限り），x が社会的に選択されてはならない。

Ⅱ 「やらせ」の演出

加えて，社会的選択関数は基本的に，「定義域の普遍性」，すなわち，個々人は各選択肢集合上にいかなる選好をももつことができる，という要請を満たすと仮定する。ただし，この要請は緩めることができる。

（2）分　析

いま，姉（個人1）が，自分の取りうる行為として，職員（個人2）から，{求職する，求職しない，申請する，申請しない} という4つの選択肢が提示されたとする。個人1は，また，次の一対の選択肢に関しては「個人の決定権」をもつことが告げられたとする。[11]

　　個人1の決定権：{申請する，申請しない}

ここで，個人1も2もこれらの4つの選択肢に関していかなる選好ももてることが了解されたとしよう。そのうえで，個人1と個人2は以下の選好を表明したとする（左端が最も好ましい。右にいくほど好ましさが減る）。また，2人を除く社会構成員の選好はすべて個人2と同じであると仮定する。

　　個人1の選好：求職する，申請する，申請しない，求職しない
　　個人2の選好：申請しない，求職する，求職しない，申請する

これは個人1もまた，申請しないことと比べて申請することを好ましいと判断する一方で，申請するよりも求職する方が望ましいという判断を個人2と共有していることを示す。また，個人2は（2人を除く他の社会構成員もまた），個人1が申請しないことを何よりも望んでいることを示している。以上の仮定の下で，上述のパレート原理と「個人の決定権」条件を満たす社会的選択関数が，どのような社会的決定をもたらすか，調べよう。

まず，全員一致で，「求職する」を「申請する」よりも，また，「申請しない」を「求職しない」よりも望ましいとしているので，パレート原理より，「申請する」と「求職しない」が選択集合から外される。また，個人1の「個

人の決定権」より「申請しない」が外される。

　以上より,「求職する」,それのみが選択集合に残され,その結果を受容した個人1は,生活保護を申請することなく,求職すべく帰路についた。

　1点注記する。上記ではもっぱら個人1の行為をもって選択肢が記述された。それに対して,次のように個人2(＋国民)の状態を含む形で拡張された選択肢が示されたとしよう。すなわち,個人1が申請する(＋受給する)と個人2の負担増となり,個人1が求職者支援制度を利用すると個人2の負担減となり[12],個人1が申請も求職もしないと個人2に影響はない。このとき,個人1,2の選好はそれぞれ次のように拡張される。

　　個人1の選好：(求職する,負担減),(申請する,負担増),(申請しない,
　　　変化なし),(求職しない,変化なし)
　　個人2の選好：(申請しない,変化なし),(求職する,負担減),(求職し
　　　ない,変化なし),(申請する,負担増)

　ここで個人1の決定権は{(申請する,負担増),(申請しない,変化なし)}上に定義し直され,個人2も{(求職する,負担減),(求職しない,変化なし)}という2つの社会状態に関して「個人の決定権」を賦与されたとしよう。加えて,個人1の選好が,下記のように,(求職しない,変化なし)を(求職する,負担増)よりも高く評価するように変化した場合,選択集合は空となる。このとき,センのいうリベラル・パラドックスの発生が確認される。

　　個人1の選好：(求職しない,変化なし),(申請する,負担増),(申請し
　　　ない,変化なし),(求職する,負担減)
　　個人2の選好：(申請しない,変化なし),(求職する,負担減),(求職し
　　　ない,変化なし),(申請する,負担増)

Ⅱ 「やらせ」の演出

6 福祉国家の死角

　上記のモデルは，姉の置かれた状況を，2人の対称的プレイヤー間のゲーム的空間ではなく，日本の社会が凝縮された社会的選択空間におく。そもそもこのような状況設定は適切だろうか。もし，職員が，独自の利益・目的をもった行為主体として振る舞うのだとしたら，また，窓口を訪れた人（姉）が，職員はそう振る舞うであろうことを予想しつつ，それに対応しようとするのだとしたら，社会的選択モデルは適切ではないだろう。

　だが，次の仮定が成り立つとしたら，どうであろうか。

　第一に，職員（個人2）は，自らの「職」の本質的役割を，訪れた人の取りうる行為について，本人の権利と意思を尊重したうえで，より望ましい社会的意思決定をなすことだと考え，そう振る舞う。

　第二に，姉（個人1）にとって，職員は，後述する相談者というより，社会の良識（イマニュエル・カント（Imanuel Kant）のいう「共同体の感覚（gemainshaftlicher Sinn）」）の表象として立ち現れる[13]。

　第三に，「社会の良識」の要請，ならびに，望ましい諸基準を満たす社会的選択手続きのもとで得られた結果を，姉は，少なくとも理性的には否定することはできないとする[14]。

　最後の点について補足する。この基準を合意の基準として提出したトマス・スキャンロン（Thomas Scanlon）によれば，「人が合理的に何を斥けられるかは，（その人の生活の中で重要な目的と条件のみならず），その人が生きている社会に依存してもいる」と注記している。

　本事件で姉は，「申請する，しない」という選択肢と「求職する，しない」という選択肢が並置された状況で，「求職する」を「申請する」より好ましいとする「社会の良識」を合理的には斥けられなかった可能性がある。また，たとえ自己の利益に反した結果がもたらされようとも，適正な手続きでもたらされた「合意」であるとして，彼女の再反論を封印したおそれがある。

　以上の仮定が成立する場合には，少数の個人の間の対面的状況であっても，

「社会」の凝縮された空間として捉える社会的選択モデルが適していると言えるだろう。

　だが，ここにはもう一つ考慮すべき問題がある。センが指摘するように，個人の選択は，選択肢集合に依存して（参照する外的基準の変化を通して）変化することがある。そもそも彼女は選択肢集合の設定に関与することができたのだろうか。関与することができたとしたら，違った結果がもたらされたのだろうか。予想される答えは，後者に関して肯定的であり，前者に関して否定的である。この点を確認するために，次に反実仮想的な分析を加える。
　いま，個人1のとりうる4つの選択肢が次のように拡張的に改変されたとしよう。{求職して申請する，求職して申請しない，求職せずに申請する，求職せずに申請しない}。選択肢の改変に伴い，個人1の決定権も，{求職して申請する，求職して申請しない}へと改変され[15]，また，個人1と個人2（ならびにその他の人々）の選好も次のように改変されたとする。

　　個人1：求職して申請する，求職せずに申請する，求職して申請しない，
　　　　　求職せずに申請しない
　　個人2：求職して申請しない，求職して申請する，求職せずに申請しない，
　　　　　求職せずに申請する

　ここに，上記の社会的選択関数を適用すると，パレート原理より，「求職せずに申請する」と「求職せずに申請しない」が外される。個人の決定権の尊重より，「求職して申請しない」も外され，「求職して申請する」のみが残される。その結果を受容したとしたら，個人1は，生活保護を当日申請し，かつ，求職すべく帰路につくであろう[16]。
　この反実仮想的な推論は，個人1の選好が，提示された選択肢集合それ自体に制約されていた可能性のあることを示す。しかも，彼女は，十分な情報の下で，自分の取り得る選択肢集合を共に画定するプロセスに参加できなかったことを示す。確かに，姉は自分の選好を自由に表明することができた。「申請し

ない」ことを「個人の決定権」として斥けることができた。だが，これらが事実だとしたら，彼女の行為主体的自由が保障されていたとは言い難い。

7　むすびに代えて——誰がステージ設定に割り込むか

　本章で考察しようとした問題は，明らかな正答が選択時にはかならずしもわかっていないときの「やらせ」である。個人の合理的な意思や行為に先だって，あるいは，それらを同時進行形で伴いながら，社会的に構成されていく「ステージ設定」（社会的場面の設定）は，たとえ本人の同意と関与を伴うとしても，本人の利益を損ねるおそれがある。

　現在のみならず将来にわたっていったいどの選択肢を選ぶことが本人の利益に適うのか，本当のところはわからない。どういう基準で選ぶことがよいことなのか，どういう目的のために選ぶことがよいことなのか，いま，ある目的をめざすことが，将来，目的の実現に資するのかどうかもわからない。かといって，何も選ばないとしたら，「現状維持」を選んだことになる。このような状況で，本人の同意と関与によって，本人の利益に反する結末がもたらされたとしたら，それは悲しい物語りにとどめることはできないだろう。

　姉は，社会の良識に配慮しながら自己の選好を形成し，終始，社会的選択手続き（「ステージ設定」）を尊重して結果を受容しようと努めていた可能性が高い。そうだとしたら，誰かがステージ設定に割り込み，「やらせだ！」と叫ぶ必要があった。本人と妹の利益を守るために決定的に重要な情報が何であり，本人の取り得る選択肢には本当のところどんなものがあるのか，それを確かめ画定するステージ設定にはなっていないぞと。だがいったい，誰がステージ設定に割り込むのだろうか。

注
1）ゴッフマン（1980），後藤（2009）など。
2）「ハイゼンベルグの観測問題は，成り立たないのだよ」という発言を残している。
3）「札幌市の孤立死事案に係る取組状況」平成24年4月9日現在，厚生労働省より

4) 全国「餓死」「孤立死」問題調査団「白石区姉妹餓死事件をふまえて生活保護行政の改善を求める要望書」2012（平成24）年5月17日より。
5) 全国「餓死」「孤立死」問題調査団への札幌市白石区長からの回答，札白石保一第309号，平成24年（2012年）6月28日より。
6) 上記の「全国「餓死」「孤立死」問題調査団への札幌市白石区長からの回答（札白石保一第309号，平成24年（2012年）6月28日）も参照した。
7) センは，個人内においても，個人間においても，① 異なる複数の観点をもった規範的判断を集計して整合的判断を形成するプロセス（意思決定プロセス）と，② 異なる複数の個人的境遇を集計して統一的指標を形成するプロセス（測定プロセス）は，いずれも社会的選択の主題であると理解していた．後者に関しては，個人間（境遇間）比較が無理なく仮定される。
8) 以下の記述は，後藤（2016）の3節と一部重複する。転載を許可いただいたことに感謝する。
9) 個々人の選好は完備性と推移性を満たさないが，非循環性を満たすので選択集合の非空性は保証される（Sen, 1970a）。
10) ここで定義される「社会的選択関数」は，個々人の選好プロファイル集合を定義域とし，普遍集合の部分集合の集合を値域する意味では，「社会的選択汎関数」の一種であるが，対応する個々人の選好に関して完備性が要求されない点，選択肢集合間の整合性が要求されない点が通常の「社会的選択汎関数」とは異なる（Sen, 1970a, 2002, ch.3）。
11) これは，「申請する」ことと「求職する」ことが独立した異なる選択肢であることを示している。例として，前者に関しては生活保護制度の利用を，後者に関しては後述する「求職者支援制度」の利用を意味する場合が挙げられる。
12) 求職者支援制度とは，雇用保険を受給できない求職者に対し，(1) 無料の職業訓練（求職者支援訓練）を実施し，(2) 本人収入，世帯収入及び資産要件等，一定の支給要件を満たす場合は，職業訓練の受講を容易にするための給付金を支給するとともに，(3) ハローワークが中心となってきめ細やかな就職支援を実施することにより，安定した「就職」を実現するための制度」を指す（「職業訓練の実施等による特定求職者の就職の支援に関する法律施行規則（平成23年厚生労働省令第93号）」，http://www.mhlw.go.jp/stf/seisakunitsuite/bunya/koyou_roudou/koyou/kyushokusha_shien/index.html 参照のこと）。この制度の存在を示唆してくれた神林龍氏に感謝する。
13) カントによれば「共通感覚 sensus communis」は，ある共同体の感覚 gemain-

shaftlicher Sinn の理念，すなわち，「自分の反省のうちで他のあらゆるひとの表象の仕方を思想のうちで（アプリオリに）顧慮する」ことを指す。それは，「いわば相対的な人間理性と自分の判断とを照らし合わせ」ことによって起こる。その目的は，「容易に客観的とみなされかねない主観的な個人的条件に基づいて，判断に不利な影響を及ぼすかもしれない錯覚から逃れる」ことにある（カント，1999，180-181）。

14) Scanlon, 1982参照のこと。

15) これは，求職するなら，申請するかしないかは本人の自由という判断を背後にもつ。ここに，{求職せずに申請する，求職せずに申請しない}を個人1の決定権に加えたとしても結論は変わらない。

16) 注記すれば，2015年現在の日本の生活保護制度で，生活保護を受給しながら求職する場合には，求職者支援制度ではなく，「生業扶助」あるいは「自立生活支援制度」を利用することになる。ただし，現実には，この制度は，現在保護を受けている人の退出を促進することにその目的が限定され，いまだ保護を受けていない人の参入促進としては活用されていない可能性がある。なお，ここでの結果は，上述の「申請する」と「求職する」の2つが選択集合に残されたケースにおいて，第3の基準として「選択肢の融合」，すなわち，2つの選択肢の目的を部分的に実現する新たな選択肢を創出する場合にも得られる。

参考文献

石村研二（2011）「フレデリック・ワイズマンの『リアリティ・フィクション』」土本典昭・鈴木一誌編『全貌フレデリック・ワイズマン——アメリカ合衆国を記録する』岩波書店。

北山晴一・山本哲士（2005）文化科学高等研究院『フーコーの全体的なものと個的なもの』，三交社。

カント（1999）カント全集8『判断力批判上』

ゴッフマン，丸木恵祐・本名信行訳（1980）『集まりの構造』誠信書房。

後藤隆（2009）『集まりの学としての社会学』光生館。

後藤玲子（2016）「自由の価値の物語り——民主主義と死」『経済研究』，67(2)：147-163。

全国「餓死」「孤立死」問題調査団「白石区姉妹餓死事件をふまえて生活保護行政の改善を求める要望書」2012（平成24）年5月17日。

ヴェルナー・ハイゼンベルグ，尾崎辰之助訳（1965）『現代物理学の自然像』みすず

書房（2006年2月，新装版あり，本稿の引用は1965年から）。

長谷正人（2011）「公的身体のエロス」，土本典昭＋鈴木一誌編『全貌フレデリック・ワイズマン――アメリカ合衆国を記録する』岩波書店，pp.259-270。

船橋淳（2011）「映画のなかにすべては――フレデリック・ワイズマン監督インタビュー」，土本典昭＋鈴木一誌編『全貌フレデリック・ワイズマン――アメリカ合衆国を記録する』岩波書店，pp.16-195。

Scanlon, T. (1982) "Contractualism and Utilitarianism," in A. Sen and B. Williams, eds., *Utilitarianism and beyond*, Cambridge University Press.

Sen, K. A. (1970a) *Collective Choice and Social Welfare*, San Francisco: Holden-Day. （志田基与師監訳『集合的選択と社会的厚生』勁草書房，2000年）

Sen, K. A. (1970b): "The Impossibility of a Paretian Liberal," *Journal of Political Economy*, vol. 78, pp.152-157.

Sen, A. K. (2002): *Rationality and Freedom*, Cambridge: Harvard University Press. （若松良樹・須賀晃一・後藤玲子監訳『合理性と自由（上・下）』勁草書房，2014年。）

第5章
やらせの仕組み──プロレスでの欺き方から見た場合

近藤　敦

1　はじめに──本論のねらい

　通常アカデミックな研究においてプロレスをテーマにすることは正直なところ躊躇せざるをえない。理由は簡単である。プロレスは「やらせ」「八百長」を含むジャンルであるからである。しかし本書の研究のテーマはこの「やらせ」にほかならない。そうであるならば，やらせの代名詞といってよいプロレスにおいてやらせの仕組みを見ることは，やらせの研究全体にとっても有益なことではないだろうか。

　幸いにも近年，プロレスのやらせに関しては何冊かの書物が刊行され，従来よりもその仕組みが明らかになってきている。本論ではまずプロレスのやらせの仕組みを概観し，次にフレーム分析（frame analysis）を用いてプロレスの分析を行ったリー・オースティン・トンプソン（Lee A. Thompson）の議論（トンプソン，1986）を考察したのち，プロレスマスコミによる情報の統制・操作，さらにプロレスファンとの関係を見ることを通じて，プロレスにおけるやらせの仕組み，さらにはそのような考察を通じて，やらせというものが成立する条件を考えていきたい。なお本研究では資料が比較的容易に入手できる日本のプロレスにおける問題を中心にして議論を進めることにする。

2　プロレスにおけるやらせ

　日本でプロレスというものが広くに知られるようになったのは言うまでもなく力道山の登場，とりわけ興業的に大きな成功を収めた1954年2月に行われた

力道山・木村政彦組対シャープ兄弟のタッグマッチからである。しかし同時にプロレスは，当初の頃から「真剣勝負」なのかそれとも「やらせ」「八百長」なのかという疑念がつきまとっていた。そもそも当初は力道山自身も，プロレスには八百長が存在していることを認めていた（小林，2011）。

しかし街頭テレビでのプロレス人気の爆発により，こういった議論はひとまずはさほど重視されてなくなった。しかし「昭和の巌流島」と言われた1954年12月22日の力道山対木村政彦の試合を契機として，それ以降プロレスは「やらせ」「八百長」であるという認識がとりわけ知識人層などに広まった。同時にプロレス専門誌が創刊され，日本人のプロレスの受容が二分化されていくことになった（小林，2011）。

とはいえプロレスファンの間でもやらせや八百長に関する議論はしばしば起こり，やらせを暴く書物も過去何冊も出版されてきた。しかしこれらの書物では，出版当時から見た場合，過去の事例であることや（門，1985），また曖昧な表現であったため（佐山，1985），多くのプロレスファンの間で受容されたとは言い難い。何よりも日頃からプロレスを扱うプロレスマスコミでは，やらせや八百長の論議がタブーとされたこともあり，プロレスファンの多くは，プロレスに対して疑問を感じつつ，またさまざまな留保をつけることによって，プロレスは「完全にやらせではない」という感触でプロレスを見続けたといってよい。逆に言うならばプロレスというエンターテイメントにそれだけの魅力があったとも言えよう。そして筆者もかつてはさまざまな感慨を抱きながらプロレスを見ていたプロレスファンのひとりであった。

このような中で2001年に刊行されたミスター高橋による『流血の魔術　最強の演技——すべてのプロレスはショーである』（高橋，2001），ならびにそれ以降に刊行された彼による書籍（高橋，2002，2010，2015）（以下まとめて「高橋本」と呼ぶ）において，高橋はプロレスの「やらせ」の内幕を暴露し，少なからず多くプロレスファンに衝撃的を与えた。筆者の見解によれば，その理由は以下の通りである。

(1) ミスター高橋がかつて新日本プロレスのメインレフリーで外国人レスラー係であり，プロレスファンならば誰しもが知っていたプロレス内部

Ⅱ 「やらせ」の演出

の人物であった点
(2) 例外はあるが,すべての試合の結果があらかじめ決まっていたことを公言した点
(3) 演出,試合の組み立てなどをプロレス界の隠語を交え明らかにした点
(4) 事例として出されている試合が,著名な試合や比較的最近の試合であった点
(5) 刊行後,レスラーやプロレス団体,主要なプロレスマスコミから有力は反論が出されず,結果的に内容がほぼ黙認されたばかりでなく,関係者が追随する発言を行い,またやらせを前提としたプロレスに関する書物が刊行されるようになった点(金子,2003;柳澤,2007)

特に試合の結果があらかじめ決まっていたという(2)とプロレスマスコミが何ら論評を行わなかった(5)の影響が大きかったのではないかと筆者は考えている。

もちろん高橋の書物が完全に「正しい」といえる証拠もない。高橋本は基本的に高橋の記憶に基づいたものであり,他の書物で描かれている事実関係との齟齬も存在している(田崎,2015)。しかし高橋本の与えた影響は大きく,高橋の基本的な主張は現在では大筋では「真実」とみなされている。以下高橋本を基本にしながら,エンターテイメントとしてのプロレスを見ていく。なおプロレス界の「隠語」については,高橋本では独自の表記を行っているが,以下一般的な表記に用いることにする。

(1) 試合進行と勝敗(「ブック」)

プロレスの試合においては,試合の対戦を決めるマッチメイカーと呼ばれる人物が原則的に絶対的な権限を持っている。マッチメイカーはプロレス団体の関係者の場合もあれば,プロレスラーが務める時もある。マッチメイカーは1日の全試合についてのカード編成と勝敗を決める。試合の内容に関する決定についてはケース・バイ・ケースであるが,試合終わらせる決め技(フィニッシュ)を独断で決めてしまうこともある(なおこのような試合内容の取り決めつまり台本のことを「ブック」という)。

試合の勝敗を決めたマッチメイカーは、その内容をレフリーに伝え、レフリーが両サイドの選手に伝える。高橋が新日本プロレスでマッチメイカー兼メインレフリーを務めていた際には、自分が控室を行き来して、選手に試合内容を伝えていた。しかし重要な試合では、選手同士が直接打ち合わせをすることもあった。また現在では選手同士が直接会って打ち合わせをする場合が多くなっているという。

日本のプロレスはある時期までは、「勝負」に強くこだわっていた。試合があり、プロレスラー同士が戦えば、引き分けでなければ、勝者が生まれるとともに敗者が生まれる。プロレス界の隠語では、試合で負けることは「ジョブ」、負け役の選手は「ジョバー」と呼ぶ。当然のことながら負け役には気遣いが必要となる。

しかしプロレスは同時に生身の人間が「戦う」ため、マッチメイカーがすべてをコントロールできないこともある。予想外のハプニング、さらには選手がマッチメイカーの意図を故意に覆すこともあった。たとえばかつての新日本プロレスではアントニオ猪木だけが、そのような「アドリブ」が許されていたという。

また試合が開始されると、時にはレフリーがレスラーにハイスパート（試合の見せ場）やフィニッシュ（試合を終わらせる決め技）などをアドバイスするものの、試合自体はあくまでもリング上で戦うプロレスラーが作っていくものである。つまり「勝負を決めるのはマッチメイカー、勝負をつくるのはマッチメイカーとレフリーだとすれば、試合をつくるのはあくまでもレスラー」（高橋, 2001：20）なのである。

（2）アングル：プロレスにおける演出

プロレスはあくまでも興行であり、それゆえ試合を盛り上げる必要がある。そのためのさまざまな演出を行う。その演出を「アングル」と呼ぶ。代表的なアングルとしては、試合を盛り上げたり特定の選手を売り出したりするために、何らかの因縁や経歴、トレードマークなどを作り出すことがある。アントニオ猪木の対戦相手でヒール（悪役）として有名であったタイガー・ジェット・シ

ンのトレードマークであったサーベルやフィニッシュ技であった「コブラクロー」は猪木のアイディアであった。またシンが猪木を新宿の街中で襲った「新宿伊勢丹前襲撃事件」(1973年11月)と呼ばれる「事件」も事前に話し合われたものであった。こういったアングルは，時にはプロレス団体の企画会議で決められることもある。

また試合中の演出のひとつである「流血」も，血ぶくろを使う時もあるが，多くの場合セコンド，レフリー，さらには戦っているプロレスラー自身がカミソリで傷つけるなどして「演出」をしていくのである。

（3）暗黙の了解：試合での決まり事

プロレスの試合を成立させるためにはマッチメイカーによる勝敗のみでは十分ではない。先にも論じたように，試合内容を決めるのは戦うレスラー同士だからである。しかし連日で本気で戦っていては興行としてのプロレスは成立しない。レスラーの身体は生身であり，観客を引付けるためには技を華麗に決める一方で，相手のレスラーに怪我をさせてはいけない。そういった試合を成立させるためのロープワークや受け身，相手に怪我をさせない技の展開といった試合中のテクニックをここでは「暗黙の了解」と呼ぶことにしたい。基本的にこうした試合中のテクニックは，対戦相手への「レスラーとしての信頼」を根底として成り立っている。

高橋はマッチメイカーでありレフリーであり，プロレスラーではなかったため，この試合中の暗黙の了解についての記述が少なく，またエピソード的に書かれたものを除けば（ホーガン，2010），これらの技術について十分な形で語られたことはない。したがってここではその詳細を述べることは難しい。しかし日本では，プロレスのやらせが公然と語られる以前にすでに「プロの技術」として相手の技を受けること，受け身を上手くとることによる身体へのダメージの軽減が論じられていたことは興味深い点である。

（4）ケーフェイ：秘密主義

しかしプロレスにおいてこういったやらせの構成要素が，高橋本が出版され

るまで，プロレス関係者の口から公然と語られることがなかった。このような徹底した秘密主義は，「ケーフェイ」という隠語が鍵となっている。

　ケーフェイとは，「聞かれるな，注意しろ。話題を変えよう」というような暗号と言えるもので，プロレスラーが部外者の存在に気づき，話題を変えたり話を中断したりする際に使用するものである。語源はfakeの逆さ読みとも言われるが，定かではない。またかつてはケーフェイを守る仲間だけでいられる場所を「おんねこ」と呼ばれていたが，現在では死語となっているという。日本ではプロレスラーの佐山聡が著書で用いたことから一般に知られるようになった（佐山，1985）。

　このケーフェイはアメリカでは比較的ゆるかったが（井上，2010），日本，特に，かつての新日本プロレスではケーフェイは厳密に守られていた。プロレス団体関係者やプロレスマスコミといったプロレス業界内部だけでなく，プロレスラーの家族に対しても試合の勝敗，さらにはやらせ自体について秘密にされていた。この「秘密主義」こそ，長期間プロレスのやらせを継続させた主要な要因である。

　さてここで，こうったプロレスのやらせの存続について議論を行う前に，プロレス自体の構造を論じたトンプソンの議論を見ていきたい。

3　プロレスの構造——トンプソンの議論から

　リー・オースティン・トンプソンは，1986年プロレスの構造に関して「プロレスのフレーム分析」という論文を発表した（トンプソン，1986）。この論文は社会学者であるアーヴィング・ゴッフマン（Erving Goffman）のフレーム分析（frame analysis）（Goffman, 1974）を用いたプロレスの構造の分析であり，プロレスの特徴を描いた議論とされている。以下その議論を見ていくことにする。なお以下の用語の一部はトンプソンの議論とは変えている箇所もある。

　ゴッフマンのフレームとは，人々の行動基準であり，人々はフレームによって状況を理解し，その状況に適合した行為をとるとされている。このフレームは，「基礎フレーム（primary framework）」とその「変形されたもの（transforma-

Ⅱ 「やらせ」の演出

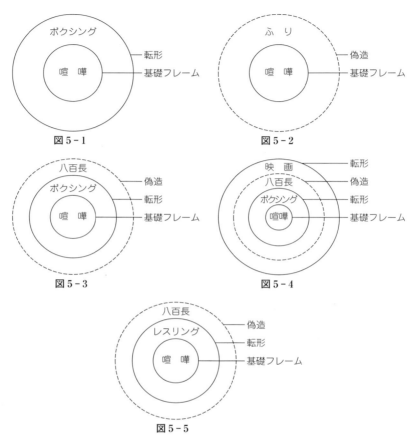

図 5-1
図 5-2
図 5-3
図 5-4
図 5-5

出典：図 5-1〜5-5．トンプソン（1986）

tions)」に分けられる。

　またさらに「変形されたフレーム」には「転形されたもの（keys）」と「偽造されたもの（fabrications）」に分けられる。

　たとえばボクシングとプロレスについては以下の説明になっている。ボクシングは，喧嘩という「基礎フレーム」で認知されたものが，ルールなどの整備によって「基礎フレーム」を変形させたものである。しかもこれは基本的にすべての参加者に認められるものである。こういったものを「転形されたもの」

第5章　やらせの仕組み

と言う（図5-1）。

　他方，友達同士が喧嘩の偽造をしたとする。これは一部の参加者にしか認められていないものであり，喧嘩という基礎フレームの変形，つまり「偽造されたもの」であると言える（図5-2）。

　またボクシングで八百長が行われた場合，「転形されたもの」の「偽造されたもの」になる（図5-3）。なぜならばこの八百長は一部の人々しか知られていないからである。また八百長のボクシングの映画が作られた場合，これは「偽造されたもの」の「転形されたもの」になる（図5-4）。

　このようにフレームはいくつもの同心円状に広がっていく可能性を持っている。そしてある行為の"現実"への位置づけは最後にかけられた変形，つまり最後のフレームによるものだとされている。

　このように考えた場合プロレスには，参加者の一部（プロレスラーと関係者）しか知らず，観客は知らない打ち合わせがあるため，「喧嘩」が「転形されたもの」である「レスリング」を「偽造されたもの」であると言える（図5-5）。

　しかし一方でトンプソンは，プロレスの八百長を受け入れている人ならば，プロレスは格闘技を「転形されたもの」としてとらえているのではないかとも言う。そしてトンプソンによればプロレスがこのような多様な形をとるのは，プロレス自体がフレームを曖昧にすることで観客を引き付けようとしているのではないかと述べている。

　ここからのトンプソンの議論は必ずしも整理されているわけではないため，筆者の見解を入れながらまとめていくことにする。

　トンプソンによれば，プロレスの特徴はこのフレームを曖昧にすることや，フレームを誤謬させることによって，観客を引き付けようとするものであるとしている。そのために用いられるのが「括弧（bracket use）の使用」と「裏づけの陰謀（backup designs）」というものである。

　「括弧の使用」とはフレーム化された行為全般に関わるものである。そもそもフレーム化された行為は，その時間や空間が括弧によって規定されているという。たとえば芝居を見る際に，観客が芝居のフレームを用いるのは，時間的

Ⅱ 「やらせ」の演出

には芝居の始まりから終わりまでであり，空間的には舞台に対してである。
　プロレスの場合には，観客は時間的には試合の開始から終了まで，空間的にはリング（とその周囲）に対して括弧による規定がされていると観客は考えている。しかし実際には先に述べたようにプロレスの仕組みは試合前の打ち合わせなど，より広いフレームによって作られているが，このことは観客には隠されている。そこで観客は間違ったフレームを使用してしまうのである。
　次に「裏付けの陰謀」である。これは人々がフレームを疑った際に，フレームを確かめるための証拠を求めるが，これに対して求められた側は「正しい証拠」や「正しそうな証拠」を提出することによって，疑われたフレーム自体を維持しようとすることである。
　たとえばプロレスの場合，流血の際の血である。すでに論じたように演出用の流血は，血のりの場合もあるが，多くの場合，かみそりなどで額などを切り，流血を演出する。この意味で血や流血は「本当のこと」である。そしてこの本物の血が証拠とされ，フレーム自体が維持されていくのである。
　さらにトンプソンは力道山時代を事例として，流血の他に各興行の後援者，政府機関の後援，優勝杯，チャンピオン・ベルト，選手権といった権威付けなどが，プロレスを本物らしく見せる「裏付けの陰謀」としている。
　筆者はこれらのものに加え，プロレスラーの肉体的な頑丈さ，そしてプロレスの技の「痛さ」もこのカテゴリーに加えることができると考えている。プロレスラーが他の格闘技の選手と比較して強いのか弱いのかは容易に答えられる問題ではないが，しかし一般的にプロレスラーの身体は大きく，強靭である。この強靭さ，さらにはこの強靭さを支える厳しいトレーニングという言説はプロレスのフレームを維持させるのに大きく寄与していると考えられる。
　同時に重要なものとして，プロレスの技の痛さがあると筆者は考えている。プロレスの技は相手の受け身がとれるのが前提ではあるが，それでも痛い。より正確に言えば痛さを感じさせるものである。このような「痛み」もまたプロレスのフレームの維持に寄与していると考えられる。
　さらにトンプソンはゴッフマン自身の議論を用いながら，フレームの偽造が成立する条件のひとつとして，情報の限定について言及している。トンプソン

自身は，力道山による情報の限定を事例として示している。また力道山時代には，プロレスの本場であるアメリカのプロレスの情報は今日と比較にならないほど少なかったため，力道山自身が情報の窓口になり，自ら有利になる情報を提供することも多かった。さらにはプロレス全体の情報の統制・操作も力道山の個人的なパーソナリティによって強固に作られていった（井上，2010）。この情報統制・操作は，独占的・排他的な「プロのレス村」を形成し，長らくプロレスの仕組みを維持していくのに大きく寄与したと考えられる。この点については改めて論じることにしたい。

　トンプソンはこれらの議論に続き，さらに否定的経験（negative experience）について言及している。この議論は正直なところ明確でない点が多いが，筆者は以下のように解釈している。

　人々は参加できる場面に適応できるフレームが手元にない時や，適用できると思っていたフレームが適応できないときにない時に改めてその場面への自分への参加を調整しようとして，適合できるフレームを見つけ出そうとする。たとえばプロレスの場合，試合前，試合後の乱闘などにより，空間的・時間的に括弧に入れられていた試合が壊され，基本フレームである「喧嘩」が出現し，それによって観客は熱狂する。このようにプロレスはフレームの前提を壊すことにより，フレームの曖昧性を演出するというダイナミズムを備えているのである。

　確かにこのようなフレームの破壊と再生はプロレスの魅力のひとつである。しかしこういったフレームの可変性を可能にしているということは，その外側に壊れないもしくは壊してはならない枠組みが存在することも同時に意味している。プロレスに即して言えば，いくら乱闘を繰り広げても，相手に本当の怪我を負わせてしまい，次の試合を不可能にさせるようにしまう，つまり本当の喧嘩になってしまったならば，それはプロレスではなくなってしまうのである。

　とはいえ，プロレスは生身の人間が織り成すものである。必ずしも「ブック」通りにいかず，また時にはハプニングも存在する。さらに「シュート」や「セメント」と言われるプロレスのフレームを出てしまった「真剣勝負」の試合があることもまた事実である。そしてこういったゆらぎこそがまたプロレス

Ⅱ 「やらせ」の演出

の魅力であることも確かである。そのような意味ではこの「否定的経験」の議論はプロレスのダイナミズムを表すひとつのアプローチと言った方がよいかもしれない。

こういったトンプソンのフレームという概念を使用したプロレスの分析は，試合経過などの「報道」を除けば，プロレスの歴史，もしくはプロレスに関する印象論が主流であったプロレスの言説においてはかなり特異であったため，一定の評価を受け，この論文に関する議論も行われている（岡村，1991，入不二，1992）。

ただしここで述べたように，議論の後半の詰めが甘く，また八百長ややらせを前提とし，しかも力道山時代の事例を中心とした議論は，プロレスファンにとっては発表当時において必ずしも説得力をもつものでもなかったと思われる。

ところで先にも論じたように，こういったフレームを形成しているプロレスは日本においては少なくとも高橋本が出版されるまでその構造を維持させていった。

筆者の考えでは，そこにはトンプソンも指摘するような情報の統制・操作，すなわち「プロレスマスコミ」による情報の統制と操作，そしてそれから生じた観客すなわち見る側のとの間に結果的にある種の共犯関係が成立していたのではないかと考えている。以下この点について議論を行っていきたい。

4　プロレスマスコミとプロレスファン

日本のプロレスにおいてこのようなやらせの構造が長年維持された主要な理由のひとつに，「プロレス専門誌・紙」という言葉に代表される「プロレスマスコミ」と言われるプロレスに関わるジャーナリズムの特殊な構造があったと考えられる。

しばしば言及されることであるが，1954年の年の力道山対木村政彦の試合までは，一般の新聞でもプロレスは報道されていた。しかしこの試合をきっかけにプロレス八百長論やプロレスの暴力性が問題視され，プロレスを報ずるマスコミは徐々に限定されるようになってきた。その後力道山の影響もあり一般の

マスコミもプロレス報道を行ってきたが，1963年の力道山死後はプロレスを伝えるのマスコミはテレビの中継を除けばごく少数の媒体になってしまった。

　そして力動山はさまざまな手法を用いてこういったマスコミを懐柔し，統制していった。その結果，独占的かつ排他的な「プロレス村」が形成されていった。このようなプロレスマスコミとプロレス団体の関係は，癒着と表現するよりもむしろプロレス団体と一蓮托生と言ってよい。つまり「プロレスに関する秘密を知っている者同士，それが世間にバレないように徹底的に隠しながら生きていきましょうね」というのである（小島，2008：298）。またプロレス専門紙『週刊ファイト』の編集長であった井上譲二は，プロレス団体と（プロレス）マスコミがもめた際にアントニオ猪木が口にした「もうよせ。みんな仲間なんだから……」という言葉を紹介しているが（井上，2010：48），こういった表現こそ「プロレス村」の構造を端的に描き出しいているのではないかと思われる。

　もちろんこういった「プロレス村」でも主は言うまでもなくプロレス団体であり，プロレスマスコミは従である。プロレスマスコミは基本的にプロレス団体の意向に従わなければならない。プロレス団体の意向に従わない場合は「取材拒否」をされ，試合の取材や情報の提供が受けられなくなってしまう。またプロレスマスコミの中にも夕刊紙である『東京スポーツ』を筆頭に序列が作られていた。また時にはプロレスマスコミはプロレスの試合の勝敗など団体のブレーン的存在になる場合もあった（ターザン山本，2010）。

　さらに言えばプロレス記者や関係者がすべてを知っていたわけではなかった。とりわけ1970年代から1980年代の新日本プロレスでは情報管理が徹底しており，たとえば新日本プロレスの営業本部長として絶大な力をふるっていた新間寿という内部関係者でさえも，必ずしも事前に試合の結果を知っていたわけではなかった（佐山ほか，2015）。

　しかし，たとえプロレス記者が事前に情報を知っていようと，それを公然とした形で「本当のこと」を書くことは「プロレス村」の中では無理な要求であった。それはプロレスというものがやらせに基づいているという認識が広く受容されている今日でさえも，プロレスマスコミはその掟を守っているのである。

　そのような中でのプロレスマスコミの役割は，真実の報道ではなくなった。

Ⅱ 「やらせ」の演出

むしろ先ほどのトンプソンの議論にもあったプロレスの揺らぎに基づき，プロレスの中にさまざまな意味を見出していくという「プロレスの解釈」に向かっていった。こういった流れは，1980年に村松友視が出版した『私，プロレスの味方です』（村松，1980）から始まり，その後『週刊ファイト』の編集長であった井上義啓，『週刊プロレス』の編集長であったターザン山本こと山本隆司などを中心に「活字プロレス」と呼ばれる潮流を生み出した。このような潮流は「ゆらぎ」のあるプロレスに対する解釈の余地を増大させ，プロレスファンの劣等感をも背景として，プロレスにある種の知的な言説を生み出していった。もちろんこの潮流自体は否定されるものではなく，日本の豊かなサブカルチャーの事例のひとつとして証左できるものでもある。

しかし同時にこういった「活字プロレス」は，たとえば井上義啓の有名な言葉である「プロレスは底が丸見えの底なし沼」という表現からもわかるように，プロレスのやらせの問題を無視していたわけではなかったが，しかしこの言葉にはやらせの問題を正面から取り上げることを回避させる機能も持ち合わせていた。そしてこのようなことを通じてプロレスファンもやらせの問題については，さほど重要な問題ではないと考えるようになったと言える。しかしそれはやはり一時的なものでしかなかった。

「正直に書く。私はミスター高橋の本に，ショックをうけた。（中略）そう，当事者から知らされ，ややうろたえたことを，すなおに書いておく。そんなこと，前から知っていたよというファンもなかにはいよう。（中略）私は，未熟なファンであった。プロレスのなかに，たたかいはあると，どこかでは信じていたのである」（井上，2005：14）。プロレスファンとして有名であった建築史，風俗史の研究者である井上章一は高橋本が出版された際にこのような書き出しで，そのショックについてのエッセイを書いている。多かれ少なかれ，筆者を含め熱心なプロレスファンは，同様な感想を抱いたのではないかと思われる。

井上章一が素直に書いているように，多くのプロレスファンがプロレスのすべてがリアルな戦いであるとは考えていなかった。相手の技を受けることで試合を成立させ，演出としての流血が行われる。また地方の会場で行われる試合では，しばしば手が抜かれた試合が行われることもあった。しかし高橋本が指

摘したようなあからさまなやらせはさすがにないだろう，と考えていた。しかしそれは単にプロレスファンが無知なだけであった。いや無知なままにされていたのであった。

　厳しい立場から言えば，結局プロレスファンは「プロレス村」の周辺住人として意図的ではなかったが，結果的にプロレスのやらせの仕組みに加担していた共犯関係にあったと言えるのでないだろうか。

　実際，限られてはいたが「プロレス村」以外から発信される情報には，プロレスがやらせであることを示す証拠はいくつか存在していた。しかし結局プロレスファンは，エンターテイメントとしてのプロレスの面白さやそれを取り巻く魅惑的な言説を背景として，そういった情報を受け入れる回路を閉ざしてしまっていた，もしくは自らの都合の良いように解釈をしていたと言ってよいかもしれない。そこにプロレスのやらせが存続してきた理由のひとつがあったと言えるのではないだろうか。

5　やらせの成立条件──ひとつの仮説として

　以上プロレスのやらせについて見てきたが，ここからやらせが成立し，それが破綻なく機能するための条件について考えてみる。

　これまで見てきたように，プロレスのやらせが成立するための大きな条件は何よりも情報の統制がとれていることであった。したがってやらせを成立させ存続させるためには，まず何よりも情報の統制・操作が重要であると言える。

　この情報の統制・操作にはふたつの条件が含まれている。まず第一にやらせを行う側からの情報の漏えいがない，という基本的かつ重大な条件が考えられる。実際今日においてでも，日本の著名なプロレスラーはプロレスがやらせであるとは，ほとんど公言していない。

　情報の統制・操作の第二の条件としてマスコミなどの第三者がやらせの実情を暴かないことが挙げられる。すでに強調してきたように，プロレスにはプロレスマスコミという特異なシステムが確立していたため，長らくやらせの仕組みを維持することができた。そしてこの仕組みが永続化すると，情報の受け手

は，やらせをやらせと判断する能力を麻痺させてしまうことさえある。

　もちろん一般社会において通常のジャーナリズムの活動が行われている場合，このような情報の統制・操作は必ずしも現実的な話ではない。またたとえ短期的に情報の統制に成功をしたとしても，まさにプロレスがそうであったように，長期的にみた場合，必ず事実が報じられてしまうのである。

　とはいえ，政治体制によっては報道の自由に規制がかけられている場合や，またそうでない場合であっても，報道にある種のタブーが存在している場合は，事実上の情報の統制・操作が行われていることもある。さらにいえば，意図的には情報の統制・操作が行われていないものの，取材する側と取材される側の距離が近くなり，ある種の利益が共有してしまうような場合にも結果的に情報の統制・操作が起きてしまう可能性が高い。

　こういった情報の問題に加え，やらせが成立するためには，やらせを行う側の特殊性があると考えられる。

　トンプソンの分析からも明らかなように，プロレスは観る側のフレームを意図的に不安的にさせることで，その特異なジャンルを保ってきた。フレームを不安定化させることは，やらせを行う側からした場合，対象への視座を多角化できるため，問題の焦点を拡散させやすくなる。その結果やらせという行為にに対して，人々の意識を集中させることを回避させることになる。こういった問題関心の拡散がやらせを生む条件のひとつであるといえる可能性があると考えられる。

6　おわりに──いつくかの補足

　最後に現在のプロレスの状況についてひとこと加えておく。プロレスは直接高橋本の影響だけとはいえないものの格闘技への関心の高まりなどもあったため，一時期人気の落ち込みが激しかった。しかし近年ファン層が入れ替わり再び人気を盛り返している。すでにプロレスを熱心に見なくなってしまった筆者には，現在の主流のファンがやらせに対してどのような態度をとっているかは詳細にはわからない。ある者は知らず，あるものは気にせず，またある者は全

てを知った上でプロレスを見ているののではないかと思われる。逆にいえば，こういった中でプロレスがやらせを公言したしたところで，大勢に影響はないように思われる。またアメリカのWWE（World Wrestling Entertainment）はエンターティメントとしてのプロレスを公言している。このような意味ではプロレスというジャンルが確立したのではないかと思われる。

　また本論ではやらせという視点からプロレスを論じてきた。しかしプロレスファンがやらせの問題に正面から向き合わずに，婉曲した形で取り組んだことにより，逆説的ではあるが，豊かな言説を生み，物事に対する多角的・多層的な視野を獲得してきたというのもまた事実である。我々に見える真実は必ずしもひとつでないのである。

　最後ではあるが，本論を執筆するにあたり予想以上にプロレスファンであった著者自身と向き合わなければならなくなり，本論において学術論文の枠組みから外れてしまった部分も出てきてしまったことに対してお詫びを申し上げたい。

［追記］

　2016年11月オックスフォード英語辞典は，2016年の「今年の単語（word of the year）」に「ポスト真実（post-truth）」を選んだ。この単語は，2016年の英国のEU離脱を問う国民投票やアメリカ大統領選挙で顕著になった「世論形成において，客観的事実が，個人の感情や信念への訴えかけより影響力を持たない状況」のことを指す（Oxford Living Dictionaries, 2016）。EU離脱派の政治家やドナルド・トランプ（Donald Trump）は，それぞれの選挙戦において多くの偽りの情報を流した。アメリカ大統領選ではネット上の「偽ニュース（fake news）」にも注目が集まった。多くの場合，このような偽りの情報は事実によって反駁されたが，しかしその影響力を減じることはできなかった。「正しさ」や「事実」が必ずしも人々に聞き入れられる状況ではなくなっている。

　筆者は今回の論考で「プロレス村」におけるプロレスマスコミの情報の統制や隠蔽，さらにはそれを受け取るプロレスファンとの共犯関係を指摘した。このような意味で「プロレス村」は皮肉にも時代を先取りし，「ポスト真実」の

Ⅱ 「やらせ」の演出

世界を体現していたと言える。

トランプが2007年にWWEのプロレスのリングに上がりパフォーマンスを繰り広げたことはしばしば指摘されている（朝日新聞，2016）。そして今回の大統領選挙でのトランプは，この際に学習した言動や方法を現実の世界に持ち込んだのだという（プチ鹿島，2016）。「虚」が「実」を侵食し始めている。

参考文献

朝日新聞（2016）「テレビ熟知　トランプショー」2016年3月7日付朝刊。

井上章一（2005）「プロレスファンであることの悲哀と絶望――ミスター高橋以降の精神史」小田亮・亀井好恵編著『プロレスファンという装置』青弓社，13-25。

井上譲二（2010）『「つくりごと」の世界に生きて――プロレス記者という人生』宝島社。

入不二基義（1992）「「ほんとうの本物」の問題としてのプロレス――プロレスの哲学的考察」入不二基義・大島保彦・霜栄『大学デビューのための哲学』はるか書房，109-162。

岡村正史（1991）「トンプソン論文に関する二，三の考察」岡村正史編著『日本プロレス学宣言』現代書館，61-79。

門茂男（1985）『力道山の真実――門茂男のザ・プロレス』角川文庫。

金子達仁（2003）『泣き虫』幻冬舎。

小島和宏（2008）『ぼくの週プロ青春記――90年代プロレス全盛期と，その真実』白夜書房。

小林正幸（2011）『力道山をめぐる体験――プロレスから見るメディアと社会』風塵社。

佐山聡（1985）『ケーフェイ』ナユタ出版会。

佐山聡・新間寿・ミスター高橋・ターザン山本ほか（2015）『新日本プロレス10大事件の真相』宝島社。

田崎健太（2015）『真説・長州力――1951-2015』集英社インターナショナル。

ターザン山本（2010）『「金権編集長」ザンゲ録』宝島社。

ハルク・ホーガン／マーク・ダゴスティーノ，森本恵介訳（2010）（『MY LIFE OUTSIDE THE RING――わが人生の転落』双葉社。

プチ鹿島（2016）「ドナルド・トランプ，大切なことはすべてプロレスで学んだ」『東京ブレイキングニュース　プチ鹿島の余計な下世話話！』2016年11月13日付。

http://news.nicovideo.jp/watch/nw2495169（最終閲覧2017年1月19日）

ミスター高橋（2001）『流血の魔術　最強の演技――すべてのプロレスはショーである』講談社。

ミスター高橋（2002）『マッチメイカー――プロレスはエンターテイメントだから面白い』ゼニスプランニング。

ミスター高橋（2010）『流血の魔術　第2幕――プロレスは誇るべきエンターテイメント』講談社。

ミスター高橋（2015）『悪役レスラーのやさしい素顔』双葉社。

村松友視（1980）『私，プロレスの味方です―金曜午後八時の論理』情報出版センター出版局。

柳澤健（2007）『1976年のアントニオ猪木』文藝春秋。

リー・オースティン・トンプソン（1986）「プロレスのフレーム分析」栗原彬ほか編『身体の政治技術』新評論，185-211。

Erving Goffman（1974）*Frame Analysis: An Essay on the Organization of Experiences*, Harvard University Press.

Oxford Living Dictionaries（2016）

https://en.oxforddictionaries.com/word-of-the-year/word-of-the-year-2016（最終閲覧2017年1月19日）

III 「不正」の政治過程

第6章
行政指導の効力に関する一考察
―― 演出された介入か，介入の演出か

藤井禎介

1　行政指導という主題

　日本の政府と産業・企業との関係について考えるとき，これまで多くの関心を集めてきたものの一つに「産業政策」がある。そしてその産業政策をめぐる議論の中でも見落とすことができない論点の一つに，いわゆる「行政指導」をいかに評価するかという問題がある。すなわち，「行政指導」とよばれる日本の行政官庁に固有とされた行政手段の特徴や効果について，行政学・行政法学・経済学などのさまざまな学問領域から異なる角度の分析が行われてきたのである。それらの研究では，「行政指導」という概念がもつある種の曖昧さを反映して，それをどのように定義すべきか，その特徴はいかに整理されるか，あるいはそのためにどのような分類が可能かといったことが主に論じられてきたが，さらにもう一つ重要な論点としてその効力をいかに評価するかという問題があった。つまり，行政指導という行政手段は実際に効果があったのか，またもしそうだとすればそれはどのように，あるいは誰にとって有効であったかといったことが問題とされたのである。

　後述するように，この最後の論点は，日本の産業政策の作成・実施における――あるいはより広く日本の政治経済全体における――政府・行政官庁（国家アクター）と民間企業（社会アクター）との影響力関係をどのように理解するかという問題意識と関わるものであった。すなわち，日本の政治経済では国家が「強い」のか，それとも社会が「強い」のかについて，論者間に見解の対立があり，その対立が行政指導の効力をめぐる議論にも投影されていたのである。前者の立場は，一般に「官僚規制論」や「官僚優位論」などと呼ばれ，後者は

第6章　行政指導の効力に関する一考察

「市場規制論」とまとめられることが多いが，前者の見方に立てば行政指導は日本の行政官僚制が持つ強い権力ゆえに効果的であったとされるのに対し，後者ではそれは実際には効果がなかったか，あるいは民間の要求に即したものに過ぎないとされた。つまり，日本の行政指導の効力をいかに評価するかという問いは，日本の政治経済における官民の影響力関係をどのように理解するかという議論と直結する問いであったのである。

本章の目的は，かつて盛んに論じられたこの問いをあらためて議論の俎上に乗せることで，日本の官民関係の理解を深めることにある。だがその前に，本書のテーマである「やらせ」と，この行政指導との関連について少し説明しておこう。

「やらせ」とは何か，それはどのように定義されるかについては，本書の各章の議論においても，その論点の置き方の違いによりニュアンスに相違がみられるが，ここではひとまず宮脇の議論にしたがって「情報の不完備性・非対称性に依拠した何がしかの政治的演出」であるとしておこう[2]。そのような演出は，それを行う側とそれを観る側との間に暗黙の了解が成立している場合もあるが，多くは観客側の情報の不足を利用した（権力による）情報の操作あるいは事実の隠蔽を意味していることから，外部からの有効な監視を免れた政治アクターによる不当な権力の行使あるいは利益の享受といった特徴を伴う。そして，そのような観点から行政指導と「やらせ」との関連について考えると，以下のような理由により行政指導には「やらせ」に近い特徴があるといえるだろう。

行政指導が多くの研究者の関心を集めた最大の理由は，それが直接には拘束力を伴わないとみられたからである。ゆえに，たとえ指導そのものに従わなくとも，そのこと自体には何ら法的問題はなく，制裁の対象となることもない。にもかかわらず，行政指導が少なからず効果的である（ように見えた）とすれば，それはなぜか。行政指導の効力に関するこのような問いが一般の関心を惹きつける主因となった。

この問いへの答えには，上記の官僚規制論と市場規制論それぞれの見方を反映して，二通りのものがある。一つは，指導自体には拘束力がなくても，その背後に直接・間接に行使される行政官僚制の権力があったためそれは効果的で

Ⅲ 「不正」の政治過程

あったという説明であり，もう一つは，それは実は指導を受ける側の利益を代弁していたために有効であった（あるいは，有効にみえた）というものである。前者によれば，行政指導とは一見，強制力のない「ソフト」な行政手段であるかのようで，実は強力な権力に裏付けられたものであるということになり，他方，後者の見方に立てば，それは行政の意向であるかのようにみせながら，実は民間の利益獲得行動を正当化するものに過ぎないということになる。いずれの見方も，その含意は異なるものの，行政指導とは官民間に成立している影響力関係の実態を何がしかの演出によって粉飾あるいは隠蔽するものとみている点に違いはない。その意味で，いずれの立場にたっても，行政指導には「やらせ」的特徴があるということができよう。本書の一章として行政指導というテーマを取り上げた理由もそこにある。

それでは行政指導とは「ソフト」さを演出した行政の介入か，それとも行政による介入を演出した民間の利益獲得なのか，いずれの説明がより説得的であろうか。またそのような「演出」は，なぜ，そしてどのように行われたか。これらの問いについて，仮説的にであれ答えを示すことは，日本の官民関係の理解を深める上で有益であろう。そこで次節では，行政指導の「力」をめぐる上記二つの説明について，あらためて検討することから始めたい。

2　行政指導の効力——2つの説明

「行政指導」という言葉の概念化にこれまで主に取り組んできたのは行政法学者たちであるが，この分野の研究者たちの間には（その強調するところには相違があるにもかかわらず），行政指導の非強制的性格という点では概ね一致がみられる[3]。行政指導は「勧告」「要望」「助言」「指示」「警告」など多様な言葉で表現されるが，それらはいずれも直接には拘束力を持たず，そのため指導を受ける側は必ずしもそれに従わなければならないわけではないし，またそのことを理由に不利益を受けることもない。つまり行政指導とは，明示的な公権力の行使に基づかない，指導を受ける側からの自発的な同意ないし協力を期待して行われる行政の行為形式の一種と考えられている。

第6章　行政指導の効力に関する一考察

　だがそれでは行政指導とは例外的な状況下でみられる行政の特異な活動であったかといえば決してそうではなく，むしろ本章が分析の対象とする通産省の産業政策をはじめ，日本の行政においては一般的手法としてかなり広範に用いられてきた。行政指導がことさら日本的特徴を示すとされるのも，このような利用の範囲の広さとその頻度の高さに理由の一端がある。では日本の行政活動においてなぜ行政指導はそのように多用されたのか。以下では，この問いに対する従来の説明を，行政指導の効力という観点から整理してみよう。

（1）「官僚規制論」の説明

　第一に挙げられるのは，指導を行う側，すなわち行政官庁から見て行政指導が有効な手段と考えられたため積極的に用いられたという説明である。これはいわゆる「官僚規制論」あるいは「官僚優位論」の立場からの説明であり，その代表はいうまでもなくC・ジョンソン（Chalmers Johnson）である（ジョンソン，1982）。ジョンソンら「発展志向型国家（developmental state）」論の論者たちによれば，日本の経済成長は通産省をはじめとする経済官庁が日本の産業・企業を巧みに誘導することにより達成されたが，その際に行政機関が活用した手段の一つが行政指導であった。戦中から戦後初期にかけて，通産省など経済官庁が有していた統制手段の多くは，経済が復興し自由化が進展するにつれ次第に廃止されていったが，その代替として登場してきたのが行政指導であった。ジョンソンの表現を借りるなら，それは「通産省が確立した慣行を法律以外の手段を用いて継続するもの」だったのである（ジョンソン，1982：292）。

　直接拘束力をもたないはずの行政指導がなぜ有効であり得たのかについて，この立場からの説明が重視するのは，たとえ指導それ自体に法的拘束力はなくとも，その背後にそれを有効たらしめる何がしかの「力」，つまり「事実上の強制力」があったということである。この種の「強制力」は直接的なものと間接的なものとに分けられる。まず直接的なものとは，強制力を行使できる法的権限が行政機関にある場合でも，それを直ちに行使することはせず，指導などを通じてその意図に応じた活動を行うよう相手側に促す場合である。この場合，相手がもし指導に従わなければ，その後には法的強制力の行使がつづくことに

III 「不正」の政治過程

なる。ただし，このような法的権限の行使に先立って相手側に自発的な協力を促す手法は，統治の効率性の観点から行政機関一般が比較的頻繁に用いるやり方であり，特に日本の行政指導に特有の現象ではない。他方，もう一つの間接的なものとは，相手が指導に従わないとき直接適用できる法的権限がなくても，そのこととは関連がない（あるいは関連が薄い）他の権限を用いて報復する，あるいはそのような報復があり得ることを相手に予測させることで指導に従わせる場合である。俗に「江戸の敵を長崎でうつ」と喩えられるのは，このような場合である。たとえば，ジョンソンはそうした間接的強制力が行使された例として「住金事件」を挙げる（ジョンソン，1982：295-299）。これはよく知られているように，鉄鋼業界に「勧告操短」の指導を行った通産省に反発する姿勢を見せた住友金属に対し，同省が原料炭の輸入制限を課すことで制裁を加えようとした事件である。ただし，事実上の強制力にはこのような相手側に不利益をもたらす規制的権限だけでなく「利益の供与」なども含めるべきであろう。補助金や政府系金融機関による融資といった各種の政策手段が，行政の方針に沿うよう民間企業を誘導する（すなわち，指導に従わせる）ために行政機関が利用することのできた有力な権力資源の一部であった。

しかしながら，以上のような「事実上の強制力」の存在を行政指導の有効性の根拠とする議論には一つの大きな問題がある。というのは，この種の議論では指導に従わないときには行政機関による直接・間接の権限行使があることをその前提としているが，前にも指摘したように，行政指導とはそのような権限を官庁が失った結果として登場してきたといったところがあるからである。したがって，それらの権限を背景に行政指導が有効に活用されたとする説明には明らかに無理がある。むしろ権限がないからこそ，指導に依拠せざるを得なかったとみる方が適切であろう。

このように，権限を喪失したからこそ必要とされたにもかかわらず，その有効性を確保するためには（間接的にではあっても）何らかの権限を必要とするというディレンマを乗り越える試みとして，官民間のネットワークの重要性を指摘する議論がある。日本の官民間には互いの利益に基づく長期的に安定した協調関係が成立しており，そうしたある種の制度化された関係（つまりネット

ワーク）に依拠することで，行政は民間企業に効果的に影響力を行使できたとする説明である。たとえば，D・オキモト（Daniel Okimoto）は，日本の通産省は強力な権限をもたなかったものの，官民間や民間アクター間に広く形成された各種の制度的関係を活用することで，その不足を補い政策の作成・執行に従事することができたとする。行政指導もそのようなネットワークの中ではじめて効力を発揮した政策手段の一つであったとされるのである（沖本，1991：138-140）。また新藤宗幸も，行政指導を官民間の制度化された関係の一部としてとらえる必要性を強調した上で，この両者の関係は実質的には利益共同体であると主張している（新藤，1992：41-44）。

　日本の政治経済や官民間の関係の特徴をアクター間の制度化された関係に見出そうとするこれらの議論は，日本の政治経済のマクロな構造の把握という点ではいずれも優れた分析であり，説得的である。しかしながら，官民間の影響力関係を評価しようとする場合には，この種の説明はかえって議論を曖昧にしている弊がないとは言えない。なぜなら官民間の利益の一致を強調するこれらの議論では，たとえば行政指導において行政と民間のどちらに主導権があったかといった点はあまり重要視されていないからである。それは行政官庁の影響力の結果とも，あるいは業界の利益を具現化したものとも，いずれにも解釈することができる。たとえば，日本の官民関係の特徴を「相互了承（reciprocal consent）という言葉で表現したR・サミュエルズ（Richard Samuels）は，同じく官民間の制度化された関係を重視する論者の一人だが，彼からみればこの両者の関係において実質的に統制を担っているのは民間の側である。官庁に管轄権があることは広く認められるが，それは実際には民間に問題が発生したとき支援を行う「保証人（guarantor）」であるに過ぎず，多くの場合，主導権は民間側が握っていた。しかもそのような官民間の関係は，両者の間で繰り返された紛争の結果として構築されてきたものであるとされる（Samuels, 1987）。

　要するに，ネットワークの存在を指摘するだけでは，ここでの疑問に十分答えたことにはならないのである。なぜなら，行政指導の有効性は行政の強さの結果なのか，それとも民間の政治力の証左なのか，この種の議論ではいまだ不分明なままだからである。そしてこの点において，より鮮明に民間側の影響力

Ⅲ 「不正」の政治過程

の強さを主張したのが「市場規制論」であった。そこで次に，第二の説明としてこの「市場規制論」の立場からの説明を要約してみよう。

（2）「市場規制論」の説明

　行政指導において，行政官庁より民間側の影響力の方が強いことを強調する議論に共通するのは，いずれも行政機関の権限が弱いことを指摘している点である。たとえば，自身も通産官僚であった脇山俊は，一般的には何らかの強制力の裏付けがあるときに行政指導の効力が高いということは認めながらも，そのような権限はすでにかなりの程度失われていると指摘する。ゆえに行政指導を効果的たらしめるには，民間の同意を得る必要があるが，このことは民間が反対する内容の指導は事実上不可能か，行っても効果が見込めないことを意味する。だから行政指導が最も効果的であるのは，指導の対象となる業界全体から支持が得られる場合ということになる（Wakiyama, 1987：218-223）。また法学者のJ・ヘイリー（John O. Haley）も，日本の行政機関が有する法的強制力の弱さを指摘した上で，それをカバーするためになされる官民間の合意形成の努力に注目している。しかし彼によれば，そのような際にイニシアティブをより発揮するのは行政ではなく民間企業の側だとされる（Haley, 1991：160-168）。さらに大山耕輔がいう「ネットワーク多元主義」も，これらと類似の説明とみてよいだろう。大山によれば，行政指導とは「弱い」規制の一形態であるが，その行使は「政・官・業」の三者間に形成される下位政府（あるいは「政策コミュニティ」）によって担われており，そしてそのようなコミュニティ内では関係者間の合意の維持が重視されることから，結果的に指導を受ける側，つまり業界や民間企業の行政官庁に対する影響力を相対的に強めることになるという。通産省の行政指導がときに失敗することがあったのも，このような民間側の政治的影響力の強さのゆえだと大山はみる（大山，1996：61-90）。

　このように，日本の行政指導において民間側の示した影響力の強さを指摘する議論はいずれも，行政指導が効果的であった（あるいはそのようにみえた）のは，それらが民間の利益を代弁するものだったからであると主張する。業界や企業は自らに不利と考える指導については拒否するだけの自律性をもってい

たし，自己の利益の達成のために必要であれば省庁側にはたらきかけることもできた。つまり行政指導とは，民間の利益を具現化したものに過ぎないとされるのである。では，行政官庁に対する民間側の影響力がそのように強力であったとして，それを可能にした要因は何であろうか。「市場規制論」の論者たちが重視するのは主に以下の二つである。

　第一は，上述したように，行政機関の権限が弱いことである。法的な強制力の行使において少なからず限界がある行政機関の側は，政策の作成・執行などにおいてどうしても民間側の協力に依存せざるを得ない。しかし，そのことは行政に対する業界や企業側の立場を相対的に有利にすることになる。たしかに，行政官庁側は新たな立法化によって強制力のある権限を獲得しようとするかもしれないが，そのコストは決して低いとは言えない。なぜならそのためには，与党政治家を中心とする広範な政治的支持を集める必要があるからである。そして「市場規制論」の論者たちが民間側の影響力行使を可能にした要因として第二に挙げるのも，この与党政治家からの支持である。業界や企業は与党政治家（つまり自民党）とのつながりを利用して，行政からの過剰な介入を阻止したり，行政指導を通して自らの利益を実現しようとする際に，政治家からの支持が得られることを期待することができる。そのような与党政治家からの圧力（あるいはそのような圧力があるかもしれないという予測）が行政側を牽制するのに有効であったとみることから，業界・企業側の有力な権力資源であったとこれらの論者たちは指摘するのである。

　行政の権限が弱いということを確かな前提だとすれば，「市場規制論」による以上のような説明は，「官僚規制論」の説明よりたしかに説得的であるように思われる。この立場の論者たちが言うように，行政指導とはある意味で民間側に「捕らわれた」行政機関の民間の要望に対する受動的対応という域を出るものではなかったかもしれない[4]。しかしながら，「市場規制論」の立場からの説明にも疑問がないわけではない。それは特に，これらの議論が強調する民間側の政治的影響力に関して指摘することができる。

　「市場規制論」の各議論は，行政機関の権限の弱さの裏がえしとして民間側の影響力の強さをみようとする傾向があるが，前者は直ちに後者を意味すると

Ⅲ 「不正」の政治過程

は限らない。とりわけ,民間側の行政に対する「抵抗力」についてだけならまだしも,民間が行政に対して行使する積極的な意味での影響力についてはそうである。一般に,利益団体など社会アクターが政府や行政に対してはたらきかけを行う際,問題となることに「集合行為（collective action）」の問題がある（オルソン,1996）。すなわち,団体が影響力を効果的に行使するためには構成員全体の一致した協力が必要だが,そのような活動から得られる便益はしばしば「集合財」としての性格をもつため,各構成員による「ただ乗り（free ride）」を誘発しかねない。そしてそのような傾向は構成員の数が多くなればなるほど強くなるとされる。しかし,だとすれば民間側が行政機関に対して効果的に影響力を行使できるかどうかは,単に行政機関側の権限の強弱だけで決まるのではなく,民間側の組織化の状態如何によっても左右されるということになるであろう。たとえば,寡占化が進み少数の比較的大規模な企業が中心となっている業界と,多数の小規模企業によって構成されている業界とでは,団体活動のあり方やその政治的影響力の行使の仕方に自ずと相違があるであろうことは容易に推察される。要するに,民間側の政治的影響力は行政側の事情だけでは決まらないのである。

またさらに同様のことは政治家に対するはたらきかけについても指摘することができる。「市場規制論」の多くは与党政治家からの支持があることを民間側の重要な影響力資源の一つとみなしているが,政治家が必ず民間側に加担して活動するかは自明ではない。政治家が業界や企業のはたらきかけに応じて活動する基本的な理由は,その見返りとして政治資金や選挙時の票のいずれか（あるいはその両方）を得ることができるからであろうが,それらを十分に提供するためには業界が比較的よく組織化されていることが求められる。また政治家はときに特定の業界に必要以上に肩入れしているという（世論や同僚の政治家,もしくは外国政府などからの）非難を避ける必要があるかもしれない。このような固有の「気まぐれさ」をもつ政治家から間違いなく支持を調達するためには,民間側にもそれなりのコストが必要となる。しかし,省庁が立法化のコストをいつも負えるわけではないのと同様に,民間の側も政治的支持の調達に常に成功するとは限らない。この点においても,行政側の事情だけで民間

の影響力は保証されないのである。

　ここまでの議論を要約すれば次のようになろう。行政指導がなぜ多用されたかという問いに対して、「官僚規制論」の立場からは省庁側の効果的な政策手段であったからという解答が示されるのに対して、「市場規制論」からは民間の利益獲得のために有効な手段であったからという解答が提示される。ただし、「官僚規制論」が行政指導の有効性の根拠とする「事実上の強制力」については、その論理性に問題があるため「市場規制論」の方がより説得的であるようにみえる。しかし、その「市場規制論」も「官僚規制論」への反論ないし修正としてはともかく、民間側の政治的影響力の強さに関してはその根拠をまだ十分に示せているとはいえない。だが、もしそうであるなら行政指導の効力はいったい何に基づくと考えるべきであろうか。次節では、この点についてもう少し検討してみよう。

3　行政指導の効力の類型化

　前節までみてきたように、通産省の産業政策などで多用されてきた行政指導の効力は、国家アクター（行政機関）が有する影響力資源——すなわち直接・間接の権限に基づく「強制力」——のみに左右されるのではなく、社会アクター（業界や各企業）が行使する政治的影響力のあり方によっても影響を受けると解釈できる。しかしながら、そうだとすれば行政指導の効力についてより適切に理解するためには、どのような理論的枠組みが必要であろうか。それは、おそらく国家アクターと社会アクターをそれぞれ個別に考察するのではなく、むしろこの両者の相互作用に着目して行政指導の展開を個々に確認することにより、はじめてその手がかりを得ることができよう。そしてそのためには、複数の事例について丁寧な観察を行い、そこから行政指導の効力に影響を与えたと思われる要因について、事例間の比較などを通して一つずつ明らかにしていく作業が必要となる。だが本章において、そのような詳細な事例研究を行う紙幅はない。そこで以下では、それら事例を整理するのに有効であるであろう行政指導の効力に関する類型を仮説的に提示するに止めたい。

Ⅲ 「不正」の政治過程

　前述したように，通産省の産業政策における行政指導の効力を左右したと思われる要因は，国家アクターの側と社会アクターの側のそれぞれに見出だすことができる。国家アクターつまり行政側の要因は，繰り返しになるが直接・間接の権限を背景とした「強制力」の行使あるいはその行使の可能性である。行政官庁による事後的な強制力行使の可能性が高ければ（すなわち，指導に従わない場合に「事実上の強制力」に基づく何らかの制裁が課される可能性が高ければ）行政指導の効力はたしかに強いということができよう。逆にそのような強制力を行政がもたないとき，行政指導の効力は弱まらざるをえない。

　では，民間側において行政指導の効力に影響を与えたと思われる要因は何であろうか。民間側が自らの利益実現のために行政指導の内容に影響を与えるには，その政治力を効果的に用いる必要がある。この政治力の行使には，直接行政機関に対してなされるものと政党政治家を介してなされるものの二種類があるが，（前節でみたように）いずれの場合においても業界全体がよく統率されていること，すなわち集合行為の問題を巧みに回避できることがその前提条件となる。

　ところで，一般に集合行為の問題を回避するには構成員の数が少ない方が有利だとされる。なぜなら団体を構成するメンバーの数が多くなれば，メンバー一人あたりの利益は減少し団体の活動に貢献することへの誘因は低くなるであろうし，また個々のメンバーの活動を監視することも困難になるからである。通産省の行政指導の対象となった各業界を念頭に置いてこのことを考えると，比較的企業数の少ない寡占化の進んだ構造をもつ業界の方が，多数の小規模企業によって構成される業界よりも内部統制という点においてより有利だということになる。寡占化の進んだ産業では，業界内部の意思統一を図ることが比較的容易であるため，自主統制の実施などにより対外的な自律性を維持することができるだろうし，さらに政治的なはたらきかけを行う場合にも企業間の足並みを揃えやすい。他方，多数の小規模企業が分散する構造をもつ業界では，そのような全体的に統率のとれた活動を行うことは難しく，その結果として業界全体の政治力も低下しがちとなる。

　しかしながら，産業の構造とその業界が発揮するであろう政治力との関係は

それほど単純ではないかもしれない。たとえば，小規模企業に分散した構造をもつ業界であっても，それに従事する人口の規模が大きければ，その数の力を背景に（とりわけ政治家などに対し）効果的に圧力を行使できるかもしれないし，反対に寡占化が進み比較的よく内部の統制がとれている業界であっても，それに関わる人口が少なければ，その与える政治的インパクトはあまり大きくないかもしれない。後者は，外部からの介入に対する自律性という点ではたしかに強力かもしれないが，対外的な政治力の行使においてはそれほどでもないということはあり得る。それに対し前者は，しばしば競争力において問題のある業界が多いことから，政治の保護に依存する傾向はより強いであろうし，そのために政治へのはたらきかけも後者より積極的になるだろう。要するに，業界の政治的影響力の行使という点からみれば，一般的には集合行為の問題の回避という点から寡占化の進んだ産業の方が有利だと考えられるが，小規模企業で構成される業界であっても数の力などによってある程度その不利をカバーすることができるかもしれないのである。ただし，その場合にはその業界は内部統制の難しさに直面することになるであろうが。[5]

以上のように，国家アクターと社会アクターの双方において行政指導の効力に影響を与えると思われる要因について整理すると，国家アクター（行政機関）の側は「事実上の強制力」に代表される強制力行使の可能性が，社会アクター（業界や各企業）の側は基本的には集合行為の問題の回避を容易にする産業構造のあり方（寡占的か分散的か）が，それぞれ相手に対し影響力を行使する際に鍵となる要因であると考えることができる。そしてこれらの要因を組み合わせると，以下の4つの行政指導の効力に関するタイプを導き出すことができる（表6-1）。

第一は，行政による強制力行使の可能性が高く，業界の構造が多数に分散している場合である。この場合には，行政側の権限が強力であるのに対して民間側の政治的影響力行使の可能性は限られる。しかも業界の政治・行政に対する依存度も高いと考えられることから，行政側が強力なイニシアティブを発揮して指導を行う典型とみることができる。ただし，そうした強力な権限を行政官庁（とりわけ通産省）が有することが少なくなった高度成長期以降は，それほ

Ⅲ 「不正」の政治過程

表6-1　行政指導の効力に関する類型

		業界の構造	
		寡占的	分散的
行政による強制力 行使の可能性	高	中間（官民協調）	高（行政主導）
	低	高（民間主導）	低（放置）

出典：著者作成。

ど頻繁に確認されるパターンではないかもしれない。

　第二は，行政による強制力行使の可能性が高くて，業界の構造が寡占的である場合である。この場合に行政指導がどのように——すなわち，だれがどのような形で主導して——行われるかは判断の難しいところがある。基本的には行政の権限が強力なのだから，行政主導で進められる可能性が高いといえるが，同時に民間側の（少なくとも行政の介入に抵抗するという意味での）自律性も高い。ゆえに両者の方針が一致している場合は，業界側の自発的な協力によりかなりスムーズに（見方によっては密室的に）指導の内容が実施されていくであろうが，両者が対立した場合はその紛争は先鋭化し対外的にも表面化しやすい。おそらくそうなれば，政治家の支持をどちらが得るかによって決着をみることになろう。だがそのような解決の仕方は，官民のいずれにとっても不確実性を増す結果となることから，できれば回避したいところだと思われる。その意味で，この場合の行政指導のあり方は，基本的には行政主導で進められながらも，官民ともに妥協と協調を模索するプロセスであるとみることができよう。以上の理由から，ここでは「官民協調」型と名付けておく。

　第三は，業界の構造が寡占的で，行政による強制力行使の可能性が低い場合である。この場合は，行政が政策の作成・実施において民間に依存することが多いことから，行政指導の内容も民主導で決められていくと思われる。サミュエルズがいう「保証人」としての国家は，このような行政と民間との関係を表したものとみることができよう。ただしこの場合においては，業界の自主統制力が強く，また個々の企業もそれなりに競争力を有する企業が多いと考えられることから，政治や行政からの保護に期待する頻度はそれほど多くない（つまり，政治的影響力を行使するためのコストを負うよりも市場での解決に委ねる

ことが多い）かもしれない。もしそうであるなら，「市場規制論」が指摘するほど行政指導の一般的なケースであるとは言えない可能性もある。

　最後に，第四のタイプとして業界の構造が多数の企業に分散しており，行政の強制力行使の可能性が低い場合がある。この場合には，行政指導の実質的な効力はかなり低下するものと思われる。行政官庁が出す指導の内容は（間接的にも強制力をもたない）かなり一般的な方針のレベルに止まるだろうし，民間側も業界内部の意思統一ができないため，事実上その指導を無視することが多くなる。しかしその一方で，民間側の政治的影響力は集合行為の問題からそれほど強くならないため，結果的にこの領域の業界は行政からの積極的な介入も保護もないまま市場の競争の中に放置されることになろう。ただし，その産業に関わる人口の規模が大きければ，政治家や行政による非難回避のための保護的支援策が実施される可能性は残る。その場合は，新たな立法化が図られることになろう。

　国家アクターと社会アクターそれぞれの行政指導の効力に影響を与えると考えられる要因に着目しながら，両者の相互作用のパターンを想定して行政指導の効力について整理してみると，とりあえず以上のような４つのタイプが析出できる。もちろん，そのそれぞれはいずれもかなり議論を単純化したものであり，また実際の事例によって検証されたわけでもない。その意味で，それはあくまで議論の出発点であり，そこから直ちに何か一般的な結論を導き出すことはできないが，しかし次のことについては指摘できるのではないかと考える。

　すなわち，行政指導の効力を評価する場合には，行政が強いか，民間が強いかといった単純な二分法によるのではなく，また国家と社会のネットワークといった両者の融合や一体化を指摘するだけでもなく，両者の相互作用のあり方を個々のケースごとに確認しながら，その相互作用のパターンを（紛争化した場合も含めて）理論化する必要があるということである。行政指導に限らず，政府と産業・企業との関係は業種や時期によっても異なるということが十分あり得るのだとすれば，それらの違いを考慮に入れずに（一部の事例の観察結果から）一般化を試みるのはやはり拙速と言わざるをえないであろう。たしかに，戦後の産業政策の歴史を振り返れば，通産省の権限喪失と民間の実力向上とい

う流れの中で，本章の類型でいえば第一のタイプから第二のタイプ，そして第三のタイプへと全体としては移行していったとみることができる。しかし，日本経済全体はもとより，通産省が所管した業種の範囲内でも産業ごとにその構造にはかなりの相違があることを考えれば，安易な一般化には慎重であるべきである。[6] その点から，行政指導の効力に関する上記のような類型化は，政府と産業・企業関係をより一層細分化・精緻化して分析し，それらを再度理論的に統合するための一助になるのではないかと考える。そのような議論の一例に本章の議論がなれば，その目的はほぼ果たせたと言える。

4　行政指導における「演出」

　行政指導は国家の強さの現れか，それとも民間の政治力の証左か，はたしてそのいずれであるかという問いに対する本章のひとまずの解答は，行政と民間それぞれの状況によるというものである。産業ごとにその構造や行政がもつ権限が異なる以上，そのような違いを無視して性急に一般化を図ることはできない。むしろ必要であるのは，行政と民間それぞれがどのような状況にあるとき，相手に対してどのように影響力を行使できるかについて考察することであろう。

　それでは，行政と民間の相互作用の中でなぜ行政指導のような手段が採用されてきたのであろうか。第1節でも指摘したように，行政指導には行政側にせよ民間側にせよ，その実態を外部に隠蔽する「やらせ」的な側面がある。そのような隠蔽が図られるのはなぜであろうか。以下では，通産省の産業政策を主に念頭におきながら，行政側と業界側双方の理由について考察することで本章の議論を閉じることにしたい。

　行政側から行政指導の「演出」をみる場合，それは背後にある強制力を直接行使することなく民間を誘導する，すなわち「ソフト」な行政手段を「見せかけ」として活用することで，強制的性格を表面化させないという意味での「演出」ということになる。しかし，これまでの議論でみてきたように，行政機関が行政指導に依拠するようになった背景には，そのような強制力行使のための法的権限を行政側が失ってきたということが理由としてあった。だとすれば，

第6章　行政指導の効力に関する一考察

　行政機関による行政指導の活用は，真の権力を隠蔽するための「演出」というよりは，やむに止まれぬ方策という側面の方が大きかったと考えるべきではないか。行政指導はしばしばその立法化を必要としないという性格から，柔軟性の高い政策手段であると評価されてきた。[7] だが，行政指導の効力が結局何らかの強制力の有無によって左右されるとするならば，そのような柔軟性の発揮にも（たとえそれに一定の効果があったとしても）自ずと限界があると言わざるをえない。それは行政機関による意図的な戦略の結果というより，状況に適応しようと試行錯誤する中で行政側が得た意図せざる結果であろう。

　では民間側による行政指導という「演出」の活用は何のためであろうか。おそらくそれは外部からの批判や攻撃を避けるためのものであろう。民間側が行政官庁に行政指導を行うよう求める理由としてよく指摘されるものの一つに「業界全体の利益」の維持というのがある。これは（その一見公益的な響きにもかかわらず）業界内部においてはその方針に従わない「アウトサイダー」を牽制するとともに，業界外部に対してはその保護主義的傾向を批判してくる勢力に一致団結して対抗する姿勢を示したものだといえる。[8] そのような活動を行うとき，業界や個別の企業が他のアクターと直接対峙するより，その費用を行政官庁に代わりに負担してもらう方が業界にとってははるかに「得」であるのは言うまでもない。それが行政側との意見の対立によって適わない場合に，業界側は他の政治的資源の利用を模索することになる。その意味で，行政指導は業界の利益に行政が「お墨付き」を与えたものであるとする見方には一定の説得力がある。ただし，業界側が常にそのような政治力を発揮できるとは限らないことは前述したとおりである。

　行政指導はその透明性の欠如という問題から批判を受け，活用される頻度が低下してすでに久しい。しかし行政と民間（業界や企業）や，あるいはより広く国家と社会がフォーマルだけでなく，何らかの形でのインフォーマルな接触も保つということは今後も変わらないであろう。日本の行政指導の経験が，そうした官民のインターフェースの展開を理解するための参考になることは間違いないと思われる。

Ⅲ 「不正」の政治過程

注
1) この表現は基本的に建林（1994）によっている。
2) 本書第1章の宮脇昇による議論を参照。
3) ただし，行政法学の立場から行政指導について研究を進めてきた中心的人物の一人である山内一夫は行政指導の強制的側面をより重視している（山内，1977）。なお，行政指導に関する行政法学の議論の展開をまとめた近年の業績としては王昕（2013）参照。
4) 政治学における，いわゆる「虜理論（capture theory）」の古典の一つとしてMcConnell（1966）参照。
5) 産業構造上の特徴とその産業に従事する人口規模に着目して業界の活動パターンを整理した議論としてはUriu（1996）参照。ただし，彼の議論は各業界がどのような選好をもちやすいかについて考察を限定しており，それを政治的影響力の「強さ」に直接結びつけてはいない。
6) 鉄鋼や自動車などの寡占型産業とかつての大店法の運営に代表される流通業界に対する政策が，同じ通産省の管轄でも大きなパターンの違いを見せたことはその一例であろう（Upham, 1996）。
7) たとえば，村上泰亮の「仕切られた競争」などが挙げられる（村上，1984）。
8) 松井隆幸は，生産調整政策を事例として行政指導において官民間に形成されたネットワークがアウトサイダーの取り込みを図る「閉鎖志向」を持っていたと指摘している（松井，1997：75）。

参考文献

Haley, J. O. (1991) *Authority without Power: Law and Japanese Paradox* (New York: Oxford University Press)
ジョンソン，C., 矢野俊比古監訳（1982）『通産省と日本の奇跡』TBSブリタニカ。
松井隆幸（1997）『戦後日本産業政策の政策過程』九州大学出版会。
McConnell, G. (1966) *Private Power and American Democracy*, New York: Alfred A. Knopf.
村上泰亮（1984）『新中間大衆の時代』中央公論社。
沖本・ダニエル，渡辺敏訳（1991）『通産省とハイテク産業』サイマル出版会。
オルソン，M., 依田博・森脇俊雅訳（1996）『集合行為論——公共財と集団理論』ミネルヴァ書房。
大山耕輔（1996）『行政指導の政治経済学——産業政策の形成と実施』有斐閣

王昕（2013）「日本の行政指導――繊維産業を事例として」『横浜国際社会科学研究』第18巻第3号：35-59頁。

Samuels, R.（1987）*The Business of the Japanese State: Energy Mrkets in Comparative and Historical Perspective*, Ithaca: Cornell University Press.

新藤宗幸（1992）『行政指導――官庁と業界のあいだ』岩波書店。

建林正彦（1994）「産業政策と行政」西尾勝・村松岐夫編『講座行政学　第3巻』第3章，77-114頁。

Upham, F. K.（1996）"Retail Convergence: The Structural Impediments Initiative and Regulation of the Japanese Retail Industry," in Berger, S. and R. Dore (eds.), *National Diversity and Global Economy* (Ihaca: Cornell University Press)

Uriu, R.M.（1996）*Troubled Industries: Conforntating Economic Change in Japan*, Ihaca: Cornell University Press.

Wakiyama, T.（1987）"The Implementation and Effectiveness of MITI's Admistrative Guidance," in Wilks, S. and M. Wright (eds.) *Comparative Government-Industry Relations: Western Europe, the United States, and Japan*, New York: Oxford University Press.

山内一夫（1977）『行政指導』弘文堂。

第7章

選挙制度がクライエンテリズムによる政策の歪みに与える影響――政策金融データによる分析[1]

清水直樹

1 目　的

　本章の目的は，日本における都道府県別政策金融機関（政府系金融機関）の融資データを分析し，クライエンテリズム（clientelism，恩顧主義）による政策の歪みが生じているのか，また，政策の歪みが生じているとすれば，選挙制度の違いがそれに対していかなる影響を与えるのかを検討することである[2]。

　クライエンテリズムとは，票と政策便益の交換を通じた庇護者（patron）と随従者（client）の関係によって公共政策が歪められることを概念化したものである。具体的には，政治家が自身の選挙区の支持団体に対して公共事業，補助金などの手段を用いて利益誘導し，その対価として支持団体が，選挙の際，その政治家に投票したり，集票活動を支援したりすることである（Fukui and Fukai, 1996; Kitschelt and Wilkinson, 2007）。このクライエンテリズムにもとづく利益誘導が行われることによって，本来必要としている地域に公共政策が配分されず，政策に歪みが生じる可能性がある。先行研究では，この票と政策便益の交換が行われてきたことを，公共事業，補助金など財政政策のデータの分析から実証してきた（河田，2008；斉藤，2010；Scheiner, 2006, 2007など）。

　それでは，利益誘導政治と政策の歪みをもたらす要因は何か。本章が注目するのは，選挙制度の違いである。1994年，日本の衆議院の選挙制度は，中選挙区制から小選挙区比例代表並立制へと変更された。日本の中選挙区制は，単記非委譲投票制（single non-transferable vote：SNTV）の1種であり，定数が3人から5人の選挙制度であった。SNTVは，政党内競争を促進する選挙制度で

あり，個人中心の選挙が行われやすい制度である。したがって，個別的利益が代表されやすく，利益誘導が行われやすい。それに対して，現在の衆議院の選挙制度である小選挙区制とクローズド・リスト比例代表制は，政党中心の選挙が行われやすく，政党間競争を促進する制度であり，全体の利益が代表されやすくなる（Carey and Shugart, 1995; Hicken, 2007; Rosenbluth and Thies, 2010; Scheiner 2007; Shugart 2001; 建林，2004など）。したがって，この論理によれば，中選挙区制から小選挙区比例代表並立制への選挙制度改革は，クライエンテリズムにもとづく利益誘導を減少させ，政策の歪みを解消すると推論できる。これが本章の仮説である。

そして，本章では，この仮説を都道府県別政策金融機関の融資データの分析によって実証する。先行研究が財政政策のデータを用いてきたことに対して，本章が政策金融のデータを用いる理由は，次の3つである。

第一に，政策金融も財政政策と同様，利益誘導や選挙対策の手段として用いられてきたと考えられるからである。たとえば，1967年に新設された環境衛生金融公庫は，もともと国民金融公庫の中に環境衛生業を対象とする融資枠が設定されていたが，環境衛生業界や彼らを支援する自民党「カンエイ族」が自民党に働きかけたことで独立して設置された。この背景には，クリーニング，飲食業，理容業などの環境衛生業界が，家族，従業員を含めると大きな「票田」であり，地方選挙対策のため，自民党は政治的圧力に屈したと言われている（『読売新聞』1967年2月27日付朝刊，4月24日付朝刊，『朝日新聞』1967年3月15日付朝刊）。また設立過程だけでなく，省庁，政策金融機関による恣意的な融資が行われた事例もある。たとえば，1975年1月の住宅金融公庫5万戸の追加融資では，建設省と住宅金融公庫が大手住宅プレハブメーカーに8800戸の融資枠を事前に与えていた[3]（『読売新聞』1975年3月9日付朝刊，『朝日新聞』1975年3月9日付朝刊）。この事件に政治家が関与していたのかどうかは明らかではない。しかしながら，省庁や政策金融機関が大企業や業界に融資枠を割り当てができるということは，これをめぐって大企業や利益団体の政治家に対する働きかけが行われ，政策が歪められてきた可能性があったと考えられる[4]。

第二に，財政政策と異なり，政策金融は目的が限定されているので，政策の

歪みを測定しやすいことが挙げられる。本章では，政策の歪みを与えられている政策目的とは逆の方向性を示していることと定義して用いる。その際，政策の目的を捉える必要があるが，それは限定的であればあるほど測定しやすいと考えられる。財政政策の目的は，資源配分，所得再分配，景気安定化など幅広い。それに対して，政策金融機関の融資の目的は，後述するように，「一般の金融機関が融通することを困難とするもの」を融通，支援するとされており，限定的である。

第三に，政策金融は，財政政策に比べて排除性が高いことが挙げられる。政治家が利益誘導する場合，選挙のときに投票してくれる支持団体，すなわち対価を支払う有権者にその対象を限定することが効果的である。しかしながら，補助金，公共事業などの財政政策は，非排除性，つまり対価を支払わない有権者を便益享受から排除できないという性質をもっている。補助金によって形成された公共政策や，公共事業によって作られたインフラは，それらを利益誘導してきた政治家に投票しない有権者，すなわちフリーライダーもその利益を享受することができる。したがって，財政政策からでは，利益誘導を正しく確認できていない可能性がある。それに対して，政策金融は，利益団体や企業などに融資先が限定されており，財政政策に比べて排除性が高い。したがって，利益誘導が行われていたことをテストするための素材として，財政政策よりも優れていると考える。

以上の理由から，本章では，日本の政策金融のデータを分析することによって，クライエンテリズムによる政策の歪みが生じているのかどうか，加えて，選挙制度の違いが政策の歪みに対していかなる影響を与えるのかを検討する。[5]

本章の構成は，次のとおりである。2節では，どのようにクライエンテリズムによる政策の歪みを測定するのかについて検討する。3節では，統計分析に用いるデータについて説明する。4節では，固定効果法による分析を行う。最後に，5節では，本章の結論をまとめる。

表7-1 政策金融機関の目的

機関名	目的
日本開発銀行	日本開発銀行は，長期資金の供給を行なうこと等により産業の開発及び経済社会の発展を促進するため，**一般の金融機関が行なう金融等を補完し，又は奨励すること**を目的とする。
住宅金融公庫	住宅金融公庫は，国民大衆が健康で文化的な生活を営むに足る住宅の建設及び購入（住宅の用に供する土地又は借地権の取得及び土地の造成を含む。）に必要な資金について，**銀行その他一般の金融機関が融通することを困難とするもの**を自ら融通し，又は銀行その他一般の金融機関による融通を支援するための貸付債権の譲受け若しくは貸付債権を担保とする債券等に係る債務の保証を行うことを目的とする。
農林漁業金融公庫	農林漁業金融公庫は，農林漁業者に対し，農林漁業の生産力の維持増進に必要な長期かつ低利の資金で，農林中央金庫その他**一般の金融機関が融通することを困難とするもの**を融通することを目的とする。
中小企業金融公庫	中小企業金融公庫は，中小企業者の行う事業の振興に必要な長期資金について，**一般の金融機関が融通することを困難とするもの**の供給を自ら行い，又は一般の金融機関による供給を支援するための貸付債権の譲受け，債務の保証等を行うことを目的とする。
国民金融公庫	国民金融公庫は，庶民金庫及び恩給金庫の業務を承継し，**銀行その他一般の金融機関から資金の融通を受けることを困難とする国民大衆**に対して，必要な事業資金の供給を行うことを目的とする。
環境衛生金融公庫	環境衛生金融公庫は，公衆衛生の見地から国民の日常生活に密接な関係のある環境衛生関係の営業について，衛生水準を高め，及び近代化を促進するために必要な資金であつて，**一般の金融機関が融通することを困難とするもの**を融通し，もつて公衆衛生の向上及び増進に資することを目的とする。

2 どのようにクライエンテリズムによる政策の歪みを測定するのか

どのようにすれば政策の歪みを測定し，捉えることができるだろうか。本章では，与えられている政策目的とは逆の方向性を示している場合に，政策が歪んでいると判定する。本章が分析の対象とするのは，沖縄県を対象としてきた沖縄振興開発金融公庫と，国際業務を行ってきた国際協力銀行を除いた日本開発銀行（北海道東北開発公庫を含む），住宅金融公庫，農林漁業金融公庫，中小企業金融公庫，国民金融公庫，環境衛生金融公庫，以上6つの政策金融機関の融資である。表7-1は，日本開発銀行法，住宅金融公庫法，農林漁業金融

Ⅲ 「不正」の政治過程

公庫法，中小企業金融公庫法，国民金融公庫法，環境衛生金融公庫法（現在はすべて廃止されている）に規定されていた目的をまとめたものである。いずれの政策金融機関の目的にも「銀行その他一般の金融機関が融通することを困難とするものを自ら融通し，又は銀行その他一般の金融機関による融通を支援するため」，あるいは「一般の金融機関が行なう金融等を補完」と規定されている。これによれば，本章の分析対象である6つの政策金融機関の目的は，民間金融機関による融資を受けることが困難なものを対象とし，それらを融通，補完することであることがわかる。政策金融機関による融資が，この目的どおりに行われているのであれば，民間金融機関から借りることが難しい都道府県に対して，より多くの政策金融機関による貸出が行われているはずである。したがって，本章の基準によれば，民間金融機関から借りやすい都道府県であるにもかかわらず，政策金融機関の貸出が多くなっている場合，目的とは逆の方向性を示しており，政策が歪められていると判定する。

次に，クライエンテリズムと政策の歪みの関係を，どのように測定し捉えることができるのかについて検討する。クライエンテリズムや利益誘導政治に関するいくつかの研究は，政治家が再選，あるいは与党が政権維持を有利に進めるため，選挙区に個別的利益を配分しているという分析結果を示してきた。たとえば，Levitt and Snyder (1995) は，アメリカでは民主党の強固な地盤に多くの政府支出が配分されていることを示している。また，Golden and Picci (2008) は，イタリアではキリスト教民主主義など与党の強固な地盤に多くの公共事業が配分されていることを示している。こうした見方に立てば，日本の場合，自民党の強固な地盤，すなわち議席率や得票率と政策的便益には，正の関係が検出されると予測できる。一方，浮動票の多い地域に利益分配がなされているという分析結果を示している研究もあり，議席率と政策的便益が，正の関係を示すとは限らない（斉藤，2009）。また，議席率と政策的便益には，内生性の問題があると考えられる。すなわち，政党の強固な地盤に政策的便益が配分される，すなわち正の関係が検出されるのか，再選が危機的な状況にある地域や政権維持のため支持基盤の弱い地域に政策的便益が配分される，すなわち負の関係が検出されるのか，統計分析からでは推定することが困難である（斉

藤，2009)。つまり，政治家や政党が選挙で当選するために，どのような努力をしているのかについては，統計分析からは確認することができない。そこで，本章では，自民党得票率や議席率など利益誘導変数が従属変数と，正の関係であれ負の関係であれ，統計的に有意な関係であれば，利益誘導が行われていると捉え，それと同時に政策の歪みが発生していた場合，クライエンテリズムによる政策の歪みが発生していることとする。

3　データの説明

本章で統計分析に用いるすべてのデータの単位は，沖縄県を除く46都道府県であり，期間は1976年度から2004年度までである。都道府県単位である理由は，本章の従属変数である地域別の政策金融機関の貸出残高が，市町村レベルは存在せず，都道府県レベルまでのものしかないからである。沖縄県を除いている理由は，沖縄県の政策金融機関には，沖縄振興開発金融公庫があり，その業務の中には，中小企業，農林漁業，住宅向けの貸出も含まれているため，住宅金融公庫，農林漁業金融公庫，中小企業金融公庫，国民金融公庫などの沖縄県のデータが存在しないからである。加えて，期間開始が1976年度であることの理由は，1975年度以前のデータには国民金融公庫に恩給貸付が含まれるためであり，2004年度までとしているのは，2005年度以降の都道府県別政府関係機関のデータの掲載がないためである。この1976年度から2004年度までのデータを，中選挙区制の時期（1976年度から1995年度まで）と小選挙区比例代表並立制の時期（1996年度から2004年度まで）に分けて分析する。

本章の従属変数は，日本開発銀行，住宅金融公庫，農林漁業金融公庫，中小企業金融公庫，国民金融公庫，環境衛生金融公庫の貸出残高である。詳細は，表7－2にまとめた。

本章の独立変数は，利益誘導変数として，先行研究が独立変数として用いてきた自民党得票率，自民党議席率，自民党議員当選回数（Imai, 2009)，1票の重み指標（Horiuchi and Saito, 2003, 堀内・斉藤，2003，斉藤，2010)，以上4つの変数を用いる。加えて，政策の目的が正しい方向性を示しているのかを測定す

III 「不正」の政治過程

表7-2　データの説明：従属変数

変　　数	説明と出所
日本開発銀行の貸出残高	人口1人当たりの貸出額（千円）。日本銀行統計局（1971-1980）『都道府県別経済統計』、日本銀行調査統計局（1981-1995）『都道府県別経済統計』、日本銀行調査統計局（1996-1999）『経済統計月報』、日本銀行調査統計局（1999-2005）『金融経済統計月報』、日本銀行調査統計局（2005-2006）『日本銀行統計』に掲載されている都道府県別貸出残高から作成した。人口は総務省統計局「人口推計」の「人口総数」を用いた。
住宅金融公庫の貸出残高	
農林漁業金融公庫の貸出残高	
中小企業金融公庫の貸出残高	
国民金融公庫の貸出残高	
環境衛生金融公庫の貸出残高	

注）1977年から1998年までの北海道，青森県，岩手県，宮城県，秋田県，山形県，福島県，新潟県における日本開発銀行の貸出残高データは，日本開発銀行と北海道東北開発公庫の合計額を用いている。また，1999年10月1日，日本開発銀行と北海道東北開発公庫は解散し，その一切の権利義務を承継する日本政策投資銀行が設立されたため，1999年度以降は，日本政策投資銀行の貸出からデータをとっている。加えて，1999年10月1日，国民金融公庫と環境衛生金融公庫が統合し，国民生活金融公庫が設立されたため，1999年度以降の国民金融公庫の貸出残高のデータは，国民生活金融公庫の普通貸付から，1999年度以降の環境衛生金融公庫の貸出残高は，国民生活金融公庫の衛生貸付からデータをとっている。

表7-3　データの説明：独立変数

変　　数	説明と出所
自民党得票率	エル・デー・ビー『JED-Mデータ』を用いて，1976年，1979年，1980年，1983年，1986年，1990年，1993年の衆議院選挙中選挙区および1996年，2000年，2003年の衆議院選挙小選挙区における自民党候補者の相対得票率（％）と獲得議席率（％）を都道府県単位で算出した。また，t年度に実施された選挙の結果は，たとえば次の選挙がt+3年度に実施される場合，その前年度であるt+2年度まで効果をもたらすと仮定し，t+1およびt+2年度のデータは，t年度の選挙結果のデータを用いている。
自民党議席率	
自民党議員当選回数	朝日新聞社『朝日選挙大観』および衆議院選挙翌日の『朝日新聞』に掲載されている自民党候補者の当選回数（当該選挙への当選も含む）を用いて，都道府県ごとの平均を算出した。このデータも上と同様の仮定を置く。
1票の重み	1票の重み＝（選挙区定数／選挙区有権者数）／（全国の定数／全国の有権者数） 各選挙区における有権者1人当たりの議員数について，都道府県と全国の比をとったものである。1より大きければ，1票の重みは全国平均に対して大きく，有権者1人当たりの議員数も多い（斉藤，2010を参照）。
国内銀行貸出残高	人口1人当たりの貸出額（千円）。日本銀行統計局のデータより作成した。人口は総務省統計局「人口推計」の「人口総数」を用いた。

注）国内銀行とは，銀行本体の設立根拠が国内法に準拠している銀行であり，具体的には，都市銀行，地方銀行，信託銀行，外国銀行在日支店である。

第7章　選挙制度がクライエンテリズムによる政策の歪みに与える影響

表7-4　データの説明：コントロール変数

変　　数	説明と出所
中位所得	1973年，1978年，1983年，1988年の総務省統計局「住宅統計調査」および1993年，1998年，2003年，2008年の総務省統計局「住宅・土地統計調査」の「世帯の年間収入階級」を用いて中位所得（千円）を算出した。そして，上の8期における中位所得を用いて線形補正を行い1976年度から2004年度までの中位所得（千円）を算出した。
消費者物価指数	2005年を基準時100としている総務省統計局「消費者物価指数」を用いて，前年度比（％）を算出した。
失業率	1975年，1980年，1985年，1990年，1995年，2000年，2005年，2010年の総務省統計局「国勢調査」の「労働力人口」と「完全失業者」を用いて線形補完を行い，失業率（％）を算出した。
第1次産業就業者比率	1975年，1980年，1985年，1990年，1995年，2000年，2005年，2010年の総務省統計局「国勢調査」の「就業者数」，「第1次産業就業者数」，「第2次産業就業者数」を用いて線形補完を行い，それぞれの比率（％）を算出した。
第2次産業就業者比率	
65歳以上人口	総務省統計局「人口推計」の「人口総数」，「65歳以上人口」，「15歳未満人口」を用いて，それぞれの割合（％）を算出した。
15歳未満人口	

注）中位所得の具体的な算出方法は，次のとおりである。「住宅統計調査」および「住宅・土地統計調査」では，「世帯の年間収入階級」が，1973年の調査では500000円未満，500000〜999999円，1000000〜1499999万円，1500000〜1999999万円，2000000〜2999999円，3000000〜4999999円，5000000円以上の7階級，1978年の調査では1000000円未満，1000000〜1499999円，1500000〜1999999円，2000000〜2499999円，2500000〜2999999円，3000000〜3999999円，4000000〜4999999円，5000000〜6999999円，7000000円以上の9階級，1983年の調査では年間収入が100万円未満，100〜150万円未満，150〜200万円未満，200〜250万円未満，250〜300万円未満，300〜350万円未満，350〜400万円未満，400〜500万円未満，500〜700万円未満，700〜1000万円未満，1000万円以上の9階級，1988年と1993年の調査では年間収入が100万円未満，100〜200万円未満，200〜300万円未満，300〜400万円未満，400〜500万円未満，500〜700万円未満，700〜1000万円未満，1000〜1500万円未満，2000万円以上の9階級，1998年，2003年の調査では年間収入が200万円未満，200〜300万円未満，300〜400万円未満，400〜500万円未満，500〜700万円未満，700〜1000万円未満，1000〜1500万円未満，1500〜2000万円未満，2000万円以上の9階級，2008年の調査では年間収入が100万円未満，100〜200万円未満，200〜300万円未満，300〜400万円未満，400〜500万円未満，500〜600万円未満，600〜700万円未満，700〜800万円未満，800〜900万円未満，900〜1000万円未満，1000〜1500万円未満，1500〜2000万円未満，2000万円以上の13階級と設定され，それぞれに何世帯が属しているのかというデータを得ることができる。そこで，各階級の中では，各世帯が水平で一様に分布しているという前提をおいた上で，全体の50パーセンタイルに位置する世帯の所得を中位所得とした。この中位所得の算出にあたり，長峯・奥井（1999）を参照した。また，線形補間の算出方法は，次のとおりである。たとえば，t年の中位所得が300万円，t+5年の中位所得が350万円というデータを得ていたとして，この2点の間には線形の関係があるとする。このとき，t+2年の中位所得 $M_{t+2}= \{(t+2-t)/(t+5-t)\}(350-300)+300$ である。各期間を対象に，この補間を行った。

III 「不正」の政治過程

表7-5 基本統計量

変数	1976-1995				1996-2004			
	平均	標準偏差	最小値	最大値	平均	標準偏差	最小値	最大値
日本開発銀行	73.80	77.37	2.39	555.95	120.30	119.35	6.79	1082.18
国民金融公庫	45.14	18.38	9.63	107.52	69.77	16.52	32.26	110.42
住宅金融公庫	216.76	150.66	20.56	1099.91	477.93	183.57	74.01	1481.36
農林漁業金融公庫	54.22	37.45	1.58	167.55	43.72	28.88	3.86	136.18
中小企業金融公庫	44.20	22.89	8.31	165.25	59.59	22.36	17.21	116.41
環境衛生金融公庫	6.55	2.65	1.89	19.37	9.66	3.50	3.31	21.65
自民党得票率	50.05	12.19	15.28	79.60	43.54	10.64	14.67	65.02
自民党議席率	56.67	15.74	15.79	100.00	65.14	26.39	0.00	100.00
当選回数平均	5.67	1.98	1.00	12.50	4.75	1.88	0.00	11.50
1票の重み	1.15	0.22	0.61	1.58	1.11	0.19	0.84	1.66
国内銀行貸出残高	1474.12	1898.79	261.73	17528.82	2261.05	1934.88	1231.25	16581.96
中位所得	3381.90	922.19	1271.00	5908.50	4241.05	574.87	2911.64	5545.05
消費者物価指数	2.94	2.57	-0.99	10.07	-0.01	0.88	-2.24	2.85
失業率	2.91	0.91	1.23	6.19	4.60	0.97	2.51	8.28
第1次産業就業者比率	12.86	6.92	0.50	33.14	7.59	3.97	0.44	16.35
第2次産業就業者比率	32.41	5.63	19.64	43.97	29.96	4.95	19.51	40.56
65歳以上人口	12.23	2.99	5.38	21.65	19.25	3.14	10.55	26.77
15歳未満人口	20.69	2.76	12.73	27.94	14.91	1.02	11.78	17.76

るための独立変数として，国内銀行貸出残高を用いる。国内銀行からの貸出が他の都道府県と比べて多い都道府県は，民間金融機関の融資が活発で，相対的に借りやすい地域であることを示しているし，逆に，国内銀行の貸出が他の都道府県と比べて少ない都道府県は，民間金融機関の融資が停滞気味であり，相対的に借りにくい地域であることを示していると考えられるからである。独立変数の詳細は，表7-3にまとめた。

その他，経済状況や規模などをコントロールするための変数として，中位所得，消費者物価指数，失業率，第1次産業就業者比率，第2次産業就業者比率，65歳以上人口比率，15歳未満人口比率を加える。コントロール変数の詳細については，表7-4にまとめた。また，全変数の基本統計量については，表7-5

第7章 選挙制度がクライエンテリズムによる政策の歪みに与える影響

にまとめた。

4 分　析

　パネルデータの分析方法である2元配置固定効果法，すなわち都道府県と年の固定効果を加えた方法によって推定を行った。推定結果は，表7-6にまとめた。推定結果で，注意して検討するのは，次の2点である。第一に，政策の目的が正しい方向性を示しているかどうかを確認するための独立変数である国内銀行貸出残高が，正の関係を示しているのか負の関係を示しているのかである。第二に，自民党得票率，自民党議席率，自民党議員当選回数，1票の重み，以上の利益誘導変数が，統計的に有意かどうかである。以上の2点について，中選挙区制の時期（1976年度から1995年度まで）と小選挙区比例代表並立制の時期（1996年度から2004年度）との間で，変化が見られるかどうかを検討する。

　推定結果は，次の5つに分けてまとめることができる。第一は，中選挙区制の時期では，クライエンテリズムによって政策が歪められていたが，それが小選挙区比例代表並立制の導入によって政策本来の正しい目的へと是正された住宅金融公庫の貸出である。1976年度から1995年度における国内銀行貸出残高は，正の関係を示している。加えて，自民党議員当選回数と1票の重みが統計的に有意である。このことは，国内銀行の貸出が多い都道府県であるにもかかわらずクライエンテリズムによって住宅金融公庫の貸出が多くなっていること，つまり，政策が歪められていることを示している。この関係が小選挙区比例代表並立制の導入によって変化している。1996年度から2004年度における国内銀行貸出残高は，両方とも負の関係を示している。つまり，国内銀行貸出残高が少ないほど，すなわち借りにくい都道府県ほど住宅金融公庫の貸出が多くなっていることを示している。これは，政策本来の正しい目的を果たしていると言える。

　第二は，中選挙区制の時期では，クライエンテリズムによって政策が歪められていたが，それが小選挙区比例代表並立制の導入によって解消された日本開

III 「不正」の政治過程

表7-6 固定効果法による推定の結果

	日本開発銀行		住宅金融公庫		農林漁業金融公庫	
	1976-1995	1996-2004	1976-1995	1996-2004	1976-1995	1996-2004
自民党得票率	0.260 [0.261]	-0.091 [0.355]	-0.483 [0.321]	0.869* [0.488]	0.078 [0.053]	-0.014 [0.039]
自民党議席率	0.001 [0.173]	0.053 [0.127]	0.207 [0.213]	-0.357** [0.174]	0.006 [0.035]	0.008 [0.014]
当選回数平均	3.115*** [0.780]	-0.603 [1.496]	2.261** [0.959]	-5.066** [2.053]	0.442*** [0.158]	-0.463*** [0.163]
一票の重み	97.117*** [30.950]	137.786*** [28.777]	-77.207** [38.058]	6.717 [39.495]	18.506*** [6.289]	4.160 [3.138]
国内銀行貸出残高	0.007*** [0.002]	-0.006 [0.007]	0.031*** [0.002]	-0.027*** [0.010]	-0.001* [0.000]	-0.001 [0.001]
中位所得	0.007 [0.010]	0.01 [0.038]	-0.044*** [0.013]	-0.003 [0.052]	-0.001 [0.002]	0.000 [0.004]
消費者物価指数	-3.059 [2.719]	0.004 [4.042]	3.000 [3.343]	3.202 [5.548]	-2.700*** [0.552]	-0.436 [0.441]
失業率	4.291 [7.460]	46.297*** [10.933]	-3.738 [9.173]	26.398* [15.005]	14.097*** [1.516]	-6.329*** [1.192]
第1次産業就業者比率	8.701*** [2.360]	-6.228 [12.240]	6.606** [2.902]	-11.88 [16.799]	1.305*** [0.479]	3.939*** [1.335]
第2次産業就業者比率	15.43*** [2.656]	-10.502 [7.382]	6.996** [3.266]	-28.397*** [10.131]	3.732*** [0.540]	-2.562*** [0.805]
65歳以上人口	5.334 [4.383]	15.712* [8.450]	-6.474 [5.390]	23.133** [11.597]	2.473*** [0.891]	0.396 [0.922]
15歳未満人口	0.183 [2.698]	13.788 [11.535]	2.918 [3.317]	32.648** [15.831]	3.365*** [0.548]	7.612*** [1.258]
定数項	-737.004*** [154.399]	-521.314 [390.171]	473.194** [189.861]	201.532 [535.494]	-248.495*** [31.374]	-0.353 [42.551]
標本数	920	414	920	414	920	414
決定係数	0.483	0.285	0.918	0.726	0.759	0.814

	中小企業金融公庫		国民金融公庫		環境衛生金融公庫	
	1976-1995	1996-2004	1976-1995	1996-2004	1976-1995	1996-2004
自民党得票率	0.129 *** [0.046]	-0.168 *** [0.030]	0.100 *** [0.030]	-0.049 * [0.028]	-0.010 [0.007]	-0.001 [0.006]
自民党議席率	-0.038 [0.031]	0.077 *** [0.011]	-0.042 ** [0.020]	0.011 [0.010]	-0.012 ** [0.005]	0.004 * [0.002]
当選回数平均	0.391 *** [0.138]	0.306 ** [0.127]	0.175 * [0.090]	0.161 [0.118]	-0.041 * [0.021]	0.050 * [0.027]
一票の重み	16.425 *** [5.480]	6.237 ** [2.453]	8.230 ** [3.585]	4.542 ** [2.266]	-0.942 [0.842]	2.563 *** [0.518]
国内銀行貸出残高	0.006 *** [0.000]	0.002 *** [0.001]	0.003 *** [0.000]	0.002 *** [0.001]	0.000 [0.000]	0.000 ** [0.000]
中位所得	0.006 *** [0.002]	0.004 [0.003]	-0.008 *** [0.001]	0.007 ** [0.003]	0.001 *** [0.000]	0.001 [0.001]
消費者物価指数	-0.255 [0.481]	0.835 ** [0.345]	0.191 [0.315]	0.610 * [0.318]	-0.056 [0.074]	0.120 * [0.073]
失業率	0.161 [1.321]	2.177 ** [0.932]	4.036 *** [0.864]	1.544 * [0.861]	-0.031 [0.203]	0.157 [0.197]
第1次産業就業者比率	2.483 *** [0.418]	3.336 *** [1.043]	1.577 *** [0.273]	3.520 *** [0.964]	0.165 ** [0.064]	0.353 [0.220]
第2次産業就業者比率	2.175 *** [0.470]	1.476 ** [0.629]	2.656 *** [0.308]	-0.031 [0.581]	0.173 ** [0.072]	0.180 [0.133]
65歳以上人口	3.347 *** [0.776]	-1.605 ** [0.720]	1.328 *** [0.508]	-0.901 [0.665]	0.623 *** [0.119]	-0.292 * [0.152]
15歳未満人口	0.562 [0.478]	1.714 * [0.983]	-0.995 *** [0.312]	0.002 [0.908]	-0.079 [0.073]	0.249 [0.208]
定数項	-163.363 *** [27.337]	-32.386 [33.260]	-32.553 * [17.884]	12.063 [30.717]	-8.554 ** [4.198]	-4.590 [7.028]
標本数	920	414	920	414	920	414
決定係数	0.842	0.414	0.94	0.716	0.781	0.726

注）有意水準は *: p<0.1; **: p<0.05; ***: p<0.01。網かけのセルは p<0.1。1 行目は係数。2 行目括弧内は標準誤差。都道府県および時間のダミー変数は，表から除いている。

Ⅲ 「不正」の政治過程

発銀行の貸出である。1976年度から1995年度における国内銀行貸出残高は，正の関係を示している。加えて，自民党議員当選回数と１票の重みが統計的に有意である。したがって，この時期は，クライエンテリズムによってこの分野の政策が歪められてきたと言える。それが1996年度から2004年度では，国内銀行貸出残高との関係が，統計的に有意ではなくなっており，政策の正しい目的へと是正されたわけではないが，少なくとも歪みは解消されたと言えよう。

第三は，中選挙区制の時期では，政策本来の正しい目的を果たしていたが，それが小選挙区比例代表並立制の導入によって政策本来の目的は果たさなくなった農林漁業金融公庫の貸出である。1976年度から1995年度における国内銀行貸出残高は，負の関係を示していた。すなわち，政策本来の目的を果たしていたと言える。1996年度から2004年度では，それが統計的に有意でなくなっている。このことは，政策が歪められたわけではないが，政策本来の目的は果たさなくなったことを示していると言えよう。

第四は，中選挙区制の時期では，クライエンテリズムによって政策が歪められており，それが小選挙区比例代表並立制を導入しても変化がなかった中小企業金融公庫と国民金融公庫の貸出である。1976年度から1995年度における国内銀行貸出残高は，両方とも正の関係を示している。加えて，中小企業金融公庫の貸出は自民党得票率，自民党議員当選回数，１票の重みと統計的に有意な関係であり，国民金融公庫の貸出は自民党得票率，自民党議席率，自民党議員当選回数，１票の重みと統計的に有意な関係である。1996年度から2004年度でもその関係には変化がない。国内銀行貸出残高は，両方とも正の関係を示している。また，中小企業金融公庫の貸出は自民党得票率，自民党議席率，自民党議員当選回数，１票の重みと統計的に有意な関係であり，国民金融公庫の貸出は自民党得票率，自民党議席率，１票の重みと統計的に有意な関係である。

第五は，中選挙区制の時期では，中立的であった関係が，小選挙区比例代表並立制の導入によってクライエンテリズムによる政策の歪みが生じた環境衛生金融公庫の貸出である。1976年度から1995年度における国内銀行貸出残高は，統計的に有意ではなかった。しかし，1996年度から2004年度では，それが正の

関係に転じている。加えて,環境衛生金融公庫の貸出は,自民党議席率,自民党議員当選回数,1票の重みと統計的に有意な関係を示している。したがって,1996年度から2004年度では,クライエンテリズムによる政策の歪みが生じていると言える。

5 結　論

　最後に,分析結果をまとめて本章の結論とする。本章では,日本の都道府県別政策金融機関の融資データを分析することによって,クライエンテリズムによる政策の歪みが生じているのかどうか,加えて,選挙制度の違いが政策の歪みに対していかなる影響を与えるのかを検討してきた。分析の結果,産業開発・発展(日本開発銀行),住宅(住宅金融公庫),農林漁業(農林漁業金融公庫),中小企業(中小企業金融公庫),小零細企業(国民金融公庫),環境衛生(環境衛生金融公庫),以上6つの分野のうち,産業開発・発展,住宅,中小企業,小零細企業向け,以上4つの分野の政策金融は,中選挙区制の時期では,利益誘導の手段として用いられ,それが政策本来の目的を歪めてきたことを確認した。そのうち,住宅向けの貸出は,小選挙区比例代表並立制の導入によって政策本来の正しい目的へと是正され,産業開発・発展向けの貸出は,政策の歪みが解消されたことを示してきた。したがって,この2つの分野については,中選挙区制と比べて小選挙区比例代表並立制の方がクライエンテリズムによる政策の歪みを是正しやすく,解消しやすい傾向があると言えそうである。

　しかしながら,その影響は完全なものではなく,次の分野では当てはまらないことが示された。第一に,農林漁業分野では,むしろ中選挙区制の時期の方が,政策本来の働きを示すことが明らかになった。農林漁業分野は,小選挙区比例代表並立制よりも中選挙区制との親和性が高く,政策本来の働きを引き出しやすいのかもしれない。

　第二に,環境衛生,すなわち飲食業,理容業,美容業,旅館業,クリーニング業などを対象とした貸出は,1976年度から1995年度よりも1996年度から2004年度の方がクライエンテリズムによる政策の歪みが生じていることが示された。

Ⅲ 「不正」の政治過程

加えて，中小企業，小零細企業向けの貸出は，1976年度から1995年度と同様に1996年度から2004年度の時期もクライエンテリズムによる政策の歪みが継続していることが示された。その理由として，これらの分野では，選挙制度の違いはそれほど効果がなく，1996年以降，デフレの深刻化による価格競争が加速し，環境衛生業界，中小企業，小企業，零細企業を取り巻く経済状況がより厳しいものへと変化した結果，彼らが政治家の庇護を求めた結果なのかもしれない。[6] その証拠としては，表7-6において中小企業金融公庫，国民衛生金融公庫，環境衛生金融公庫，いずれの貸出も消費者物価指数と正の関係を示していること，すなわち価格競争を回避し，物価が下落していない都道府県ほど多くの貸出が行われていることが挙げられる。この推論が正しければ，クライエンテリズムの発生や抑制に影響を与える要因は，選挙制度だけではなく，物価などの経済状況も重要であると考えられる。

　以上の2点に関しては，本章の分析結果からでは，検討の材料として限界があるので，今後，別の方法により検討が必要であると考えている。

注

1) 本章は，「クライエンタリズムと金融政策――都道府県別政府系金融機関の融資データ」2014年度日本政治学会報告論文，および「選挙制度改革の利益誘導政治に対する効果――都道府県別政府系金融機関の融資データの分析」『社会科学論集』106号，23-41頁，2015年を大幅に加筆修正したものである。『社会科学論集』からの転載にあたり高知短期大学社会科学会より許可をいただいた。

2) クライエンテリズムと「やらせ」は異なる概念である。しかしながら，これらは情報の不完備性など同じような特徴を有する近接概念である。本章では，クライエンテリズムが政策に与える影響や，クライエンテリズムの発生要因や抑制の要因を検討することで，「やらせ」を検討するための材料を提供したいと考えている。

3) 1975年9月には，大手銀行と大手住宅プレハブメーカーが架空名義を使用して不正に融資枠を確保しようとしていた事件が発生している（『読売新聞』1975年9月3日付朝刊，9月4日付朝刊，『朝日新聞』1975年9月4日付朝刊）。他には政治家の贈収賄事件に発展した1953年の造船疑獄や1966年の共和製糖事件がある。造船疑獄については松本（2004），共和製糖事件については佐賀（1967）を参照。

4) 報道される情報は「氷山の一角」であり，このような利益誘導が行われてきたのかどうかを事例研究から明らかにすることは難しい。そこで本章では，このような利益誘導が行われてきたことを統計分析によって実証する。
5) 日本において，政策金融機関を用いた利益誘導が行われてきたことを示す先行研究として Imai（2009）がある。しかしながら，Imai（2009）は，次の2点で本章とは異なる。第一に，Imai（2009）は，選挙制度の違いがクライエンテリズムによる政策の歪みに与える影響について検討するという目的ではない。したがって，本章とは研究の目的が異なる。第二に，Imai（2009）では，すべての政策金融機関の融資をまとめて従属変数として用いているが，各政策金融機関で設立の経緯や目的が異なっており，まとめて変数として用いることは適切ではないので，本章ではそれらを分けて従属変数として用いている．
6) 北山・久米・真渕（2009）の第1章では，環境衛生業界の1つである理容業に注目し，「10分1000円」を売りとするヘアカット専門店，QBハウスが1996年以降，急成長しており，それに対抗するため，厚生労働省，理容業界，族議員が鉄の三角同盟を形成している様子が描かれている。

参考文献

Carey, John M., and Matthew Soberg Shugart (1995) "Incentives to Cultivate a Personal Vote: A Rank Ordering of Electoral Formulas," *Electoral Studies*, 14(4): 417-39.

Fukui, Haruhiro, and Shigeko N. Fukai (1996) "Pork Barrel Politics, Networks, and Local Economic Development in Contemporary Japan," *Asian Survey*, 36(3): 268-286.

Golden, Miriam A., and Lucio Picci (2008) "Pork-Barrel Politics in Postwar Italy, 1953-94," *American Journal of Political Science*, 52(2): 268-289.

Hicken, Allen D. (2007) "How Do Rules and Institutions Encourage Vote Buying?" In Schaffer, Frederic Charles. ed. *Elections for Sale: The Causes And Consequences of Vote Buying*, Colorado: Lynne Rienner Publishers: 47-60.

Horiuchi, Yusaku, and Jun Saito (2003) "Reapportionment and Redistribution: Consequences of Electoral Reform in Japan," *American Journal of Political Science*, 47 (4): 669-682.

堀内勇作・斉藤淳（2003）「選挙制度改革に伴う議員定数配分格差の是正と補助金配分格差の是正」『レヴァイアサン』32：29-49．

Imai, Masami (2009) "Political Determinants of Government Loans in Japan," *Journal of Law and Economics*, 52: 41-70.

河田潤一編(2008)『汚職・腐敗・クライエンテリズムの政治学』ミネルヴァ書房。

北山俊哉・久米郁男・真渕勝(2009)『はじめて出会う政治学——構造改革の向こうに 第3版』有斐閣。

Kitschelt, Herbert, and Steven I. Wilkinson (2007) "Citizen-Politician Linkages: An Introduction," In Herbert Kitschelt, and Steven I. Wilkinson (eds.), *Patrons, Clients, and Politics: Patterns of Democratic Accountability and Political Corruption*, Cambridge: Cambridge University Press: 1-49.

Levitt, Steven D., and James M. Snyder Jr. (1995) "Political Parties and the Distribution of Federal Outlays," *American Journal of Political Science*, 39 (4): 958-980.

松本清張(2004)『日本の黒い霧 上 新装版』文藝春秋。

Rosenbluth, Frances McCall, and Michael F. Thies (2010) *Japan Transformed: Political Change and Economic Restructuring*, Princeton: Princeton University Press.(徳川家広訳(2012)『日本政治の大転換——「鉄とコメの同盟」から日本型自由主義へ』勁草書房。)

佐賀潜(1967)「ドキュメント共和製糖事件の真相」『別冊中央公論経営問題』6 (2):370-400。

斉藤淳(2009)「選挙と分配政策」山田真裕・飯田健編著『投票行動研究のフロンティア』おうふう:203-231。

斉藤淳(2010)『自民党長期政権の政治経済学——利益誘導政治の自己矛盾』勁草書房。

Scheiner, Ethan (2006) *Democracy without Competition in Japan: Opposition Failure in a One-Party Dominant State*, New York: Cambridge University Press.

Scheiner, Ethan (2007) "Clientelism in Japan: the Importance and Limits of Institutional Explanations," In Herbert Kitschelt, and Steven I. Wilkinson (eds.), *Patrons, Clients, and Politics: Patterns of Democratic Accountability and Political Corruption*, Cambridge: Cambridge University Press: 276-297.

Shugart, Matthew Soberg (2001) "'Extreme' Electoral Systems and the Appeal of the Mixed- MemberAlternative," in Matthew Soberg Shugart, and Martin P. Wattenberg (eds.), *Mixed-Member Electoral Systems: The Best of Both Worlds?* Oxford: Oxford University Press: 25-51.

建林正彦（2004）『議員行動の政治経済学―自民党支配の制度分析』有斐閣。
長峯純一・奥井克美（1999）「中位投票者モデル vs. 平均投票者モデル――県別目的別経費のうち単独事業費を用いた推定」『公共選択の研究』33：10-28。

第8章

選挙監視とウソ──CIS諸国と選挙監視の「虚言」と「受容」

玉井雅隆

1 問題の所在

　統治体制を問わず，選挙は統治者を被統治者が選出し，かつ統治者に統治の正当性を付与する重要な政治的手続きである。イギリスの国際政治学者ホルスティ（Kalelvi Holsti）が指摘するように，国家の統治正当性に関しては垂直正当性，水平正当性が重要であり，その中でも垂直正当性確保のためにも選挙は重要である。民主主義国家のみならず，かつてのソ連や東欧諸国のような非民主主義国家においても同様に，選挙は統治者の正当性誇示の手段として用いられていた。このように国家や政権の正当性付与に重要な役割を果たす選挙であるが，欧州では1989年の東欧革命以降，CSCE/OSCE（欧州安全保障協力会議／機構）民主制度・人権事務所を中心に，選挙監視メカニズムが整備されている。他地域でも国連主導などの形で，国際選挙監視が行われることはある。しかしそれは内戦後の政府再建などであり，そのような状況にないOSCE参加国に対し現在選挙監視団が派遣され，選挙監視が行われている。

　しかしながら近年，CIS諸国を中心にその選挙監視に対し批判が行われ，CIS諸国独自に選挙監視団を派遣，OSCE選挙監視団による選挙監視リポートと相違するリポートを発表し，CIS諸国はそちらのリポートを受け入れている。フリーダム・ハウスなど民間NGOの調査でも明白なとおり，CIS諸国は概ね権威主義体制国家である。権威主義体制下において，選挙は一種の儀式化しているが，当局は民主的選挙を行っているというCIS選挙監視団のリポートを受け入れ，民主的な選挙であったかのようにふるまう，一種の「虚言・やらせ」がそこには存在している。

本報告ではその「虚言」に関し，CSCE/OSCE における選挙監視（Election Observation Missions：EOMs）に着目し，なぜそのような振る舞いを CIS 諸国が行っているのかという点を中心に検討を行いたいと思う。

2　選挙監視と国際政治

　国際社会による選挙監視は，19世紀にさかのぼる。クリミア戦争後におけるモルドヴァ及びワラキア両地域の合同をめぐる争いに関し，その地域での住民投票に関しパリ条約締結国によって構成された選挙監視委員会によって行われたのが，その端緒とされる（Beigbeder, 1994：79）。その後，第一次世界大戦終結後に独立国の境界をめぐり，数多くの住民投票が実施され，これらの住民投票に関しても国際的な選挙監視が行われることになった。

　第二次世界大戦以降における脱植民地化の過程で，外的自決・内的自決の達成を目的として住民投票が行われ，国際連合はそれらの選挙に対し助言を行うことがあった。他にも米州機構が1964年に，加盟国に対して選挙監視団を派遣することがあった。しかし国際的選挙監視自体は冷戦終結に至るまで，総数は限られたものであった。

　国際人権規約の自由権規約（市民的及び政治的権利に関する国際規約）では，選挙に関して規定が定められており，選挙に関しても国際的な人権の枠内でとらえられていた（第25条）。しかし同時に，内政不干渉原則が存在している以上，国家成立のための住民投票に関しては選挙に関する助言が行われるものの，独立以降の選挙に関しては選挙監視を実施する環境ではなかった。すなわち，選挙制度設計に関しては各国の内政事項であり，それに対して国際社会が関与することは内政干渉である，ということを一部のラテンアメリカ諸国や中国，第三世界諸国が主張していた（Beigbeder, 1994：102）。

　冷戦終結後の1990年には，アメリカはニカラグアやナミビアの経験を踏まえたうえで，国連に対し選挙監視制度の強化を求める発言を繰り返していた。選挙監視の専門家による制度設計を求めている点において，後述する CSCE における選挙監視活動の強化を求めるアメリカの姿勢と重なっている。しかし

Ⅲ 「不正」の政治過程

表8-1 2004年までに実施された選挙監視回数

略　称	国際機関名	開始年	総　数
OSCE	欧州安全保障協力機構	1991年〜	124
CoE	欧州審議会	1990年〜	77
OAS	米州機構	1962年〜	71
OIF	フランス語共同体	1992年〜	60
EU	欧州連合	1993年〜	34
EP	欧州議会	1994年〜	59
AU	アフリカ連合	1989年〜	47
UN	国際連合	1990年〜	47
CIS	独立国家共同体	2001年〜	14

出典：Kelly（2012：46）より作成。

CSCEと国連の相違点は，当時CSCEにおいて民主主義及び人権が国際規範であることを否定する国は存在していなかったのに対し，国連では中国が国連加盟国に対し選挙監視をなかば義務化・厳格化するような提案に反対していた。結局，第三世界諸国の反発もあり，この時点においても国連はそのようなメカニズムの創設に成功しなかったのである[1]。

3　OSCE（欧州安全保障会議）選挙監視メカニズムの成立

(1) 選挙監視メカニズム

欧州地域の選挙監視メカニズムが他地域と大きく異なる点は，複数の地域的国際機構による選挙監視が合同で実施される点である。たとえば2006年に実施されたウクライナ大統領選挙には，OSCE・ODIHRの他，OSCE議員総会，欧州評議会議員総会（Parliamentary Assembly of the Council of Europe：PACE），欧州議会（European Parliament：EP）や北大西洋条約機構（North Atlantic Treaty Organization：NATO）議員総会が合同で選挙監視を実施，五者合同の報告書が作成されている[2]。

この様に，欧州の選挙監視活動は他の地域の選挙監視活動とは異なり，欧州

国際社会の重層性を反映した多層的な監視活動が展開されている。その中でもOSCE は選挙監視に関する機関である民主制度・人権事務所（Office for Democratic Institutions and Human Rights：ODIHR）を設置し，参加国に対して選挙監視活動を活発に実施している。次項以下では，そもそも安全保障会議であった CSCE/OSCE において，どのようにして選挙監視活動が行われるようになったのか，ということを ODIHR の設置過程を検討することで明らかにしていく。

（2）自由選挙事務所（OFE）の成立

　そもそも安全保障の会議であった CSCE では，冷戦期には選挙に関して特に触れられることはなかった。これは東西の「民主主義観」の相違を反映したものであり，西側諸国と東側諸国の「選挙」に対する姿勢の違いを反映したものであった。人権に関してはヘルシンキ宣言第 1 バスケット第 6 原則として言及されているが，選挙に関しては同宣言第 1 原則の内政不干渉原則との関係性から，特に言及されることはなかった。この流れが変化するのは，冷戦終結後の1990年 6 月に開催された CSCE コペンハーゲン人的側面会議（Conference on Human Dimension Meeting：CHD）であった。[3]

　コペンハーゲン CHD では，自由かつ秘密選挙の定期的な実施が決定されており，同年11月に開催されたパリ首脳会議では，このコペンハーゲン CHD における決定事項を監視・順守せしめる機関として，自由選挙事務所（Office for Free Elections：OFE）の設置が決定された。[4]また，パリ憲章ではコペンハーゲン CHD における「定期的な選挙」に関する合意事項を参加国が再確認した。パリ憲章では OFE の権限を「選挙に関する情報交換や専門家の接触の確立」，選挙監視の報告書の作成などとしていた。ただし，この権限に関して選挙監視はどの期間にどのような手段で行うかなど，具体性に欠けるものであったが，選挙監視に関して CSCE が関与する意思表明を行ったという点に特徴がある。

（3）OFE から民主制度・人権事務所（ODIHR）へ

　OFE の事務所はポーランド政府の強い要請により，ワルシャワに設置され

Ⅲ 「不正」の政治過程

ることとなった。設立当初のOFEは、それまで体制翼賛選挙の経験しかなかった中東欧諸国に対し、自由選挙に関する行動規範（Code of Conduct）などを教育した（Zaagman, 1992）。またその行動規範に対する逸脱行為の有無に関して、選挙準備段階から数度にわたり専門家を派遣して監視にあたり、その報告書はCSCE 事務局高級実務者委員会（CSCE Committee of Senior Officials：CSO）を通じて参加国すべてに回覧された。

　共産主義体制崩壊後の自由選挙が一巡した1991年夏ごろには、OFEに対し新たな権限を付与することを求める参加国が登場した。その議論の契機はオスロ民主制度専門家会議（Oslo Expert Meeting on Democratic Institution）であった。

　オスロ会合では、多数の参加国がOFEの選挙監視の実績に対し好意的な姿勢を見せ、OFEの選挙監視メカニズムをさらに制度化することを求めた。ただし、オスロ専門家会議はあくまで「専門家会合（Expert Meeting）」であるために、フランスやアメリカは各国政府の関与による決定を求めていた。その為、オスロ専門家会議では「求める」という表現にとどまるものであった。

　特にフランスは、欧州審議会（Council of Europe）との権限重複問題に対し懸念を示していた。従来の西欧諸国での枠組みでは、選挙などの民主制度に関する問題は欧州審議会が関与するものであった。しかしここでOFEの選挙監視に関して権限強化が実現すると、欧州評議会とどのように調整を図るのか、という問題が存在した。この問題は、ヘルシンキ首脳会議準備会合に先送りされることとなった。

　民主制度・人権事務所が成立したのは、1992年3月から開始されたヘルシンキ首脳会議準備会合における議論の結果であった。ヘルシンキ準備会合では、OFEに従来付与されていた選挙監視機能に人権に関する総合的な監視メカニズムを付与し、民主制度・人権事務所として発展的解消を遂げることとなった。

　OSCEの選挙監視活動の大きな特徴としては、選挙監視活動が民主主義規範の維持・発展のみならず、紛争予防の観点も含意されている点である[5]。また、選挙監視に関してはOSCE 議員総会（OSCE PA：OSCE Parliamentary Assembly）との間で調整が行われる[6]。この選挙監視協力に関しては、後述するNAMへのPAメンバーの参加などが行われている。

4 OSCE 選挙監視メカニズムの実際

　前節においては，ODIHR の形成過程に関して簡単に検討してきた。本節ではその選挙監視がどのように決定され，実施されるのかということに関し，論じていく。[7]

（1）選挙監視の根拠
　ODIHR が選挙監視活動に際して根拠としている CSCE/OSCE 文書は，以下の11点である。
1．コペンハーゲン人的側面会議文書（1990年）
2．パリ憲章（1990年）
3．モスクワ人的側面会議文書（1991年）
4．プラハ閣僚級会合最終文書（1992年）
5．ヘルシンキ首脳会議最終文書〔1992年〕
6．ローマ閣僚級会合最終文書（1993年）
7．ブダペスト首脳会議最終文書（1994年）
8．イスタンブール首脳会議最終文書（1999年）
9．ポルト閣僚級会合決定（Decision No.7, 2002年）
10．マーストリヒト閣僚級会合決定（Decision No.5/03, 2003年）
11．ブリュッセル閣僚級会合決定（Decision No.19/06, 2006年）

　これらの文書では，いずれもコペンハーゲン人的側面会議文書やパリ憲章に則った形での選挙実施を参加国に求めており，ODIHR の選挙監視はこれらの文書を根拠として選挙監視を行っている。ただし実際には，「自由かつ公正な選挙（Free and Fair election）」に関する具体的な取り決めは閣僚級会合などでは取り決められておらず，ODIHR の自由裁量の幅が広いものとなっている。この点においてロシアをはじめとする CIS 諸国は，閣僚級会合や大使級定期会合などの関与を強めるよう，批判を行っている。[8] この批判に関しては後述する。

Ⅲ 「不正」の政治過程

（２）選挙監視対象の決定と活動の開始

　本節においては紙幅の関係から，現在ロシアなどが問題としている選挙監視対象決定過程を論じていきたい。ODIHR による選挙監視対象の決定は，二種類に分類することができる。まず一点目は，コペンハーゲン文書に基づく，選挙当該国による自主的な「招請」である。二点目には各参加国に対して選挙の数か月前に「必要性に関する事前調査使節団（Needs Assessment Mission：NAM）」を派遣し，その報告書から選挙監視対象を決定する方法である[9]。以下にNAM派遣による選挙監視対象決定に関して述べていこう。

　NAM によるレポートの提出を受けて，ODIHR はそのレポートをすべての OSCE 参加国に回覧し，またウェブ上に掲載する。そしてその報告書においては選挙監視の規模を，長期型（Long-Term Observations：LTOs）及び短期型（Short-Term Observations：STOs）使節団それぞれに必要とされる規模などに関しても，専門的見地から報告が行われる。これら NAM 報告書を受けて ODIHR はリストの中から選挙監視対象を決定，議長国議長や大使級定期会合に報告した後に選挙監視活動を開始する。なお，基本的に選挙監視対象は参加国の中から選択される。

　OSCE 選挙監視活動は，2つに分けることができる。一点目には完全な選挙監視活動であり，これは選挙活動の準備段階から監視を継続するものであり，報告書は数度にわたり大使級定期会合に提出される。二点目は選挙当日のみの監視活動（Limited Election Observations：LEOM）であり，近年の CIS 諸国の選挙監視活動はこの監視活動であることが多い（Barder, 2012：51）。また，NAM 報告書によって選挙の信頼性に問題がないとみなされている場合には，選挙評価使節団（Election Assessment Missions：EAMs）が派遣されることがある[10]。

　後述する CIS 諸国からの批判を受けて，2010年から選挙過程に対して OSCE の関与を限定する形で，選挙専門家チーム（Election Expert Team：EET）が派遣されている。これは，7名の専門家からなるチームが NAM 報告書において，特に問題がない，とみなされる場合に選挙実施国の招請を受けて派遣されるものである。

5 ウィーンの東（East of Vienna）問題と選挙監視

（1）選挙監視対象国とその偏在

　これまでに検討してきたように，ODIHR を中心とした選挙監視活動の重点は，1990年代には旧東欧諸国から旧ソ連諸国が中心であった。現在の参加国が57か国にまたがる OSCE では，参加国各国で地方選挙，国政選挙，大統領選挙やレファレンダムなど無数の選挙が実施されており，そのすべてに関して選挙監視を行うことは予算的，人員的，物理的に不可能である。したがってODIHR 自体も認めているように，選挙監視の決定に関してはある程度選別がなされる必要があり，かつその選別は「民主主義の優等生」である旧西側諸国よりも，旧東側諸国に偏る傾向にある（ODIHR, 2005）。なおかつ ODIHR 事務局の職員出身国はアメリカや旧西側諸国で占められており，このような傾向からODIHR の意図にかかわらず，ODIHR は「西側の価値観」で占められている，とみなされることがあった。[11]

　表8-2は，1996年から2013年にかけて，OSCE 参加国において ODIHR が選挙監視とした諸国とその回数を示したものである。旧西側諸国（1991年までに欧州審議会に加盟していた諸国）への選挙監視は圧倒的に少なく，旧ソ連や旧ユーゴスラヴィア，なかでもセルビア，マケドニアやモンテネグロが突出して多く，[12]同じ旧ユーゴスラヴィアであっても，スロヴェニアとは対照的である。西側諸国への選挙監視が展開されるのは2002年以降であり，ロシアや CIS 諸国から ODIHR への過度の「政治化」批判が展開され始めた時期である。しかしながらこのことは逆説として，ODIHR の選挙監視活動に対する恣意性批判を図らずも正当化せしめることにもなった。

（2）選挙監視における「ウィーンの東（East of Vienna）」問題

　オーストリアの OSCE 専門家エヴァース（Frank Evers）によると，2003年のロシア議会選挙における OSCE ODIHR，OSCE 議員総会および欧州審議会議員総会三者合同報告書における選挙批判がロシアの態度硬化の契機であった

III 「不正」の政治過程

表8-2　1996年1月1日～2013年12月31日までの選挙監視回数

国名（旧ソ連）	回数	国名（旧西側）	回数	国名（旧東側）	回数	その他	回数
アゼルバイジャン	9	アイスランド	2	アルバニア	10	モンゴル	1
アルメニア	9	アイルランド	1	エストニア	3	アフガニスタン	1
ウクライナ	9	アメリカ合衆国	6	スロヴァキア	5	欧州議会	1
ウズベキスタン	4	イギリス	4	チェコ共和国	4		
カザフスタン	8	イタリア	2	ハンガリー	3		
キルギス	8	オーストリア	2	ブルガリア	7		
グルジア	12	オランダ	3	ポーランド	2		
タジキスタン	5	カナダ	1	ラトヴィア	5		
トルクメニスタン	3	ギリシア	1	リトアニア	2		
ベラルーシ	7	スイス	2	ルーマニア	5		
モルドヴァ	8	スウェーデン	1				
ロシア	8	スペイン	3	非同盟・中立諸国	回数		
		デンマーク	0	アンドラ	0		
国名（旧ユーゴ）	回数	ドイツ	1	ヴァチカン	0		
クロアチア	9	トルコ	3	キプロス	1		
スルプスカ(ボスニア)[1]	1	ノルウェー	1	サンマリノ	0		
スロヴェニア	1	フィンランド	1	マルタ	1		
セルビア	13	フランス	3	モナコ	0		
ボスニア	7	ベルギー	1	リヒテンシュタイン	0		
マケドニア	13	ポルトガル	0				
モンテネグロ[2]	14	ルクセンブルク	0				

［1］スルプスカ共和国は、1995年に合意されたデイトン合意によって認められたボスニア・ヘルツェゴヴィナ内のセルビア人共和国である。独自の大統領、政府、立法府を持ち、ボスニア内における構成体の一つである。

［2］分離前のセルビア・モンテネグロの選挙であっても、モンテネグロ単独で行われた選挙監視についてのみ計上。なお（新）ユーゴスラヴィアに対しては、ミロシェヴィッチ体制下のユーゴスラヴィアがOSCE理事会などへの出席が凍結状態であったためもあり、OSCEは選挙監視を実施していない。

出典：1996～2004年まではOSCE ODIHR (2005) Election observation: a decade of monitoring elections: the people and the practice より、2005～13年はODIHR年次報告書より筆者作成。ODIHR年次報告書各号はhttp://www.osce.org/odihr/66116 参照（2014年9月12日アクセス）。

としている（Evers, 2010）。実際、数年後の2007年にはロシア外相ラブロフ（Sergey Lavrov）が、マドリッド閣僚級会合においてOSCEの選挙監視活動について「我々は引き返し不能点（Point of No Return）に到達している。我々全員が選挙監視の規則について合意するか、もしくは合意できない場合には組織としてのODIHRの存在の展望に対する脅威となるだろう」と強い調子で批判を行っている。これを受けて翌年には議長国フィンランド主催の選挙制度セミナー

が開催されるなど,さまざまな解決策が模索されているが,未だ解決の道は見えていない。ロシアがODIHR,なかでも選挙監視活動に関しては,それが内政干渉であり,かつODIHRが政治化(politicization)している,という不満を有していた。ロシアなどCIS諸国による選挙監視活動に関する不満や批判はこのときが初めてではなく,2000年にはベラルーシと共同で大使級定期会合において,選挙監視制度の改良を求める提案を提出している。[13)]この提案はODIHRに対する名指しの批判ではなく,コペンハーゲン文書の参加国間の公平な適用を求めるものであったが,2004年ソフィア閣僚級会合においてロシアなど8ヵ国がODIHRを名指しし,その改革を求める提案を提出するに至った。[14)]

また,その選挙監視基準に関しても,CIS諸国はOSCE基準とは別に,「CIS諸国における民主的選挙,選挙の権利及び自由に関する規約(Convention on the Standards of Democratic Elections, Electoral Rights, and Freedoms in the Member States of the Commonwealth of Independent States)」(2002年)や「CIS諸国における選挙や住民投票における国際選挙監視の原則に関する宣言(Declaration on Principles of the International Observation of Elections and Referendums)」(2008年)などを策定している。特に後者はOSCE選挙監視に関し厳しい批判を加えており,選挙監視活動は当該国の主権を尊重すべきであるとしている。これらCIS諸国の不満は,OSCE内部における「ウィーンの東(East of Vienna)」問題の一種であると言える。OSCEがEU,欧州審議会,NATOなど他の欧州の地域的国際機関と異なる点は,その参加国が全欧州規模であることである。[15)] EU,NATOや欧州審議会に加盟する際にはその加盟に際しての当事国の能力や意思が問われ,かつ同一規範の順守を要求される。[16)]しかしながらOSCEが,その起源が冷戦期の東西間の対話の為の会議であることからもわかるとおり,必ずしも規範に対する完全な合意が参加国間に存在しているわけではない。その為に,各種規範の順守やその解釈などをめぐり,さまざまな対立が生じることがある。CSCE/OSCEは冷戦終結を受けて,旧東側諸国の民主化支援のために,ODIHRをはじめとしてHCNM,自由メディア代表(Representative on Freedom of Media: FoM)など,さまざまな機関を設置した。CSCEの起源となったヘルシンキ宣言では,参加国はすべて対等の立場でCSCEに参加するこ

Ⅲ 「不正」の政治過程

とが合意されている。しかし選挙監視団の派遣や HCNM の訪問国など OSCE 諸機関の活動の焦点は旧東側諸国に向けられており，事実上西側諸国と旧東側諸国との間では，OSCE 諸機関の扱いが対等ではない，という不満が存在していた。
[17)]

このように西側諸国が主導する OSCE 諸機関が，旧東側諸国に対して「指導」をし，一方で西側諸国に対して OSCE 諸機関が介入することがない，という不均衡を旧東側諸国は「ウィーンの東問題」として問題視することがある。選挙監視活動では，その主たる対象国は前述のとおり，旧ユーゴスラヴィア諸国（スロヴェニアを除く）および CIS 諸国である。このうち旧ユーゴスラヴィア諸国は EU 加盟を求めており，どの国も EU 加盟に関するコペンハーゲン基準の順守を求められる。その為に選挙監視を受け入れることで，その基準を満たしていることの証明が行われることになる。そのために特に OSCE 選挙監視に関し，批判的言動が見られないのであろうと思われる。

（3）選挙監視と「ウソ」：選挙監視の恣意的チョイス

このような問題が存在し，かつ特に CIS 諸国が批判を加えているにもかかわらず，CIS 諸国は OSCE の選挙監視の受け入れを継続している。その理由を検討してみよう。

旧ソ連諸国（特に CIS 諸国）においては OSCE 選挙監視団のほか，CIS 選挙監視団（Миссия наблюдателей от СНГ на выборах，The CIS Election Monitoring Organization）が派遣される。[18)] 選挙によっては OSCE 選挙監視団よりも大規模であることが多く，OSCE 選挙監視団も CIS 諸国の選挙監視に関しては2000年以降，受け入れ国との交渉の関係上，完全な選挙監視ではなく部分のみの選挙監視であることが多い。またその最終報告書は「自由かつ公正な選挙であった」という結論であることが多く，当該国を批判することの多い OSCE 選挙監視報告書とは異なる。[19)]

OSCE 研究の第一人者である吉川元が指摘するように，OSCE 参加国においては二つの規範が並立するようになった（吉川，2011）。一つは EU・NATO・欧州審議会の民主主義規範を受け入れ，人権・民主主義規範に対して内政不干

渉原則の適用を認めない諸国と，他方はCIS諸国に代表されるような，民主主義であっても内政不干渉を是とする独自の規範を有する諸国である。このことは単に安全保障や民主主義規範のみならず，選挙監視に関しても同様である。すなわちCIS諸国では選挙監視を「受け入れる」が，それは厳しい民主主義規範の順守を要請するOSCE選挙監視メカニズムを完全に受容するものではなく，より各国に対して「内政不干渉原則」の元に緩やかな選挙監視メカニズムを適用するCIS基準の受容が行われている。しかし同時に，ODIHRをはじめとする選挙監視メカニズムによる批判を許容し，CIS選挙監視メカニズムによる反論を可能としていることにより，対外的には当該選挙の合法性，ひいては政権の合法性を主張するツールとして選挙監視が用いられているとみなすことができよう。すなわちOSCE選挙監視メカニズムやCIS選挙監視メカニズムの恣意的選択が政権によってなされ，政権の正統性補強がなされているとみなすことができよう。

　それではOSCE側から見た場合，どのように分析することが可能であろうか。近年出されたOSCE選挙監視報告書を分析すると，アルメニア，カザフスタンとベラルーシ，ウズベキスタンを比較した場合，前者の選挙監視報告に関しては，課題を指摘しつつも全体として選挙結果に対し批判を控えている[20]。しかし後者の選挙監視報告書では，全面的な批判を行っている。もちろん選挙プロセス自体，実際に前者の選挙プロセスが後者よりもより公正である可能性がある。しかしながら，より大きな要因として挙げられるのは，OSCEにおける影響力の差異，ロシアとの関係の遠近性によるものなどであるとみることができる[21]。即ち，OSCE側もある程度報告の恣意性・選別性を前提として報告を行っている可能性が存在することは，否定できないであろうと思われる。

6　選挙監視と「やらせ」

　本章においてはOSCE選挙監視メカニズムと受入国の関係に関し，OSCEの一機関であるODIHRの視点から論じてきた。国連による選挙監視は，国家再建との関係で論じられることが多いが，OSCE選挙監視メカニズムはその存

Ⅲ 「不正」の政治過程

在意義を「民主主義による安全保障（Democratic security）」に求めることができる[22]。このことは，CSCEの起源が安全保障の会議であり，かつCSCEの包括的安全保障（Comprehensive Security）の観点から論じることが適当であろう。CSCE/OSCEが全欧州における民主主義規範の策定に大きな役割を期待された1990年代には，選挙監視メカニズムは一定の役割を果たした。

特に中東欧諸国ではEU加盟に関し，OSCEの民主主義規範遵守は加盟に際する基準の一つであった[23]。しかし，現在のCIS諸国にはEU加盟に関する期待は存在しないか，存在したとしても実現可能性に乏しい。CIS諸国とOSCEの間には，OSCEの民主主義規範や選挙監視基準の順守に関し，以上のような条件が存在しない以上，その規範順守を期待することは難しい。現代の国際社会において，「選挙」自体を否定する国家は数少ない。しかし，その「選挙監視」の方法をめぐっては，さまざまな対立が生じている。CIS諸国などは，OSCE選挙監視活動や民主主義規範を否定するのではなく，新たな「選挙監視活動」を策定することにより，事実上OSCEによる選挙監視の役割を骨抜きにしているといえる。

冷戦期に東側諸国がヘルシンキ宣言において保障された人権を守る「ふり」をし，西側諸国はそれを信じる「ふり」をした（as if game）[24]。冷戦が終結し，東西欧州において民主主義や人権は共通基盤を有するようになり，もはやそこに「ふり」は存在しなくなった。しかし一方で，そのような共通基盤を有しない選挙監視に関しては，「ふり」（as if game）が継続している，と考えることもできよう。

　　[付記] 本論文は，2014年度日本政治学会研究大会の報告を元に作成した。会場にて質問いただいた先生方には深い感謝の念を表したい。）

注

1）1990年12月18日には，アフガニスタン，キューバ，タンザニア，ザンビアとジンバブエの共同提案の形で，国家主権と選挙に関する提案が国連総会に提出されている（Beigbeder, 1994：103）。

2）報告書に関しては，STATEMENT OF PRELIMINARY FINDINGS AND CONCLUSIONS参照。なお，報告書全文はhttp://www.osce.org/odihr/elections/43918

（2015年9月10日アクセス）。また，欧州評議会における選挙監視基準に関しては，ヴェニス委員会より GUIDELINES ON AN INTERNATIONALLY RECOGNISED STATUS OF ELECTION OBSERVERS（CDL-AD（2009）059）が2009年12月14日に採択されている。

3）1989年1月に終結した CSCE ウィーン再検討会議において，CSCE ウィーン文書における人権事項を検討するために開催が合意された会議であり，コペンハーゲン CHD の他，1989年6月に開催されたパリ CHD，1991年10月に開催されたモスクワ CHD の3回実施されている。

4）OFE 設置を強く求めたのはアメリカであった。しかし一方で，同時に創設された CSCE 議員総会との関係は，継続して議論されることとなった。

5）同時期に成立した少数民族高等弁務官も同様である。詳細は拙著（2014）『CSCE 少数民族高等弁務官と平和創造』国際書院。

6）1997年に ODIHR と OSCE PA との間で協力協定が締結されている（Co-operation Agreement between ODIHR and OSCE PA, 1997年締結）。OSCE PA は OSCE の正式な機関ではなく，その為 OSCE 内の一機関である ODIHR との間で，このような協定を締結する必要があった。

7）ODIHR 自体は選挙に関し，普遍，平等，公平，秘密，自由，透明性，説明責任（universal, equal, fair, secret, free, transparent, and accountable）の7点を重要事項として挙げている。

8）OSCE では，閣僚級（外相級）会合は年1回（12月）に開催される。また，大使級会合は週1回，ウィーンの OSCE 本部において行われている。

9）OSCE には参加国（Participating states）の他，オブザーバー（Guest States）も存在する。アジア諸国からは日本，韓国，タイ，アフガニスタン，地中海諸国からはモロッコ，アルジェリア，チュニジア，エジプト，イスラエルがこの立場にある。なお，OSCE の復興支援の一環として，アフガニスタンの総選挙に際し OSCE は選挙監視団を派遣，選挙に関しての支援を実施している。

10）EAMs 派遣のためには，まず選挙に関する利害関係者間において，選挙行政の過程，公平性および透明性の確保に関して合意形成が存在していること，政治的多元性，基本的自由に関する尊重，効果的な民主制度，自由かつ独立したメディアの存在などが NAM 報告書に報告されている必要がある。OSCE Office for Democratic Institutions and Human Rights（ODIHR）（2010）*Election Observation Handbook*（6th Edition）, Warsow: ODIHR, p.31.

11）OFE 時代からの歴代 ODIHR 事務所長は，

Ⅲ 「不正」の政治過程

　　1991-1994　ルチーノ・コルテーゼ（Luchino Cortese），イタリア
　　1994-1997　オードリー・グローバー（Audrey Glover），イギリス
　　1997-2003　ゲラルド・ストゥッドマン（Gérard Stoudmann），スイス
　　2003-2008　クリスチアン・ストロハル（Christian Strohal），オーストリア
　　2008-2014　ヤネツ・レナルチッチ（Janez Lenarčič），スロヴェニア
　　2014-現職　ミハエル・ゲオルグ・リンク（Michael Georg Link），ドイツ
　となっている。
　　OSCE では他に少数民族高等弁務官（High Commissioner on National Minorities），自由メディア代表（Representative of Freedom of Media）などがあるが，いずれも旧西側もしくはそれに近い国がトップを務めている。
12）数少ない西側諸国への選挙監視は，2001年以降になって実施されたものである。アメリカへの選挙監視が多いが，これは2002年大統領選挙の混乱に対し，その後の中間選挙および大統領選挙において適切な選挙活動が実施されているかを監視するためである。
13）MC.DEL/24/00（2000年11月20日），ロシア・ベラルーシ共同提案。
14）ソフィア会合の前に開催された大使級定期会合では，PC.DEL/630/04（2004年7月8日提出），PC. DEL/1022/04，PC. DEL/1023/04（いずれも2004年10月27日提出）。ソフィア会合ではC.DEL/1025/04/Corr.1（2004年12月1日提出）。
15）OSCE ではこのことを称し，"From Vancouver to Vladivostok" という表現を用いることが多い。また，他の欧州国際機関と異なる点は旧ソ連中央アジア諸国が参加国となっていることであり，このこともあって2012年にはモンゴルが参加国として承認されている。
16）ロシアが欧州審議会に加盟する際にはロシアの民主主義に対し疑問が出されたために，申請に対し保留がなされた。また，加盟後もチェチェン紛争における人権侵害事案が続き，欧州人権裁判所への提訴がなされるなど難しい局面もある。
17）少数民族高等弁務官（HCNM）は，「国家間の紛争を未然に予防する」ために設置されたが，これまでに HCNM が介入した事案は，トルコを除きすべて旧東側及び旧ソ連諸国であった。西側諸国にも，コルシカ島やバスクなど民族問題が存在しているが，これらはすべて，テロリスト・クローズの存在によって介入を行っていない。
18）2002年に CIS 諸国において合意された「CIS 諸国における民主的選挙，選挙の権利及び自由に関する規約」によって設立された。全文は欧州評議会ウェブサイト http://www.venice.coe.int/docs/2006/CDL-EL(2006)031rev-e.pdf 参照。（2014年9

月10日アクセス)。なお，この条約の締結国はアゼルバイジャン，アルメニア，ウクライナ，ウズベキスタン，カザフスタン，キルギス，グルジア，タジキスタン，トルクメニスタン，ベラルーシ，モルドヴァ，ロシアの12か国である。

19) たとえば2004年のウズベキスタン議会選挙では，CIS 選挙監視団はその選挙を "legitimate, free and transparent" と評するのに対し，OSCE 選挙監視団は "having fallen significantly short of OSCE commitments and other international standards for democratic elections" とし，批判を加えている CIS 側の評価に関しては，http://www.ln.mid.ru/brp_4.nsf/ 0 /030111d3b474a94cc3256f790042f6f9?OpenDocument (2014年 9 月10日アクセス)，ODIHR の評価に関しては www.osce.org/odihr/elections/uzbekistan/41950 (2014年 9 月10日アクセス)。

20) カザフスタンは2010年の OSCE 議長国議長 (Chairman-in-office) であり，かつ1999年に開催されたイスタンブール首脳会議以来16年ぶりに開催されるアスタナ首脳会議の開催国であることも留意する必要がある。

21) たとえば2008年 ODIHR Presidential Election of Republic of Armenia, Post-Election Interim Report, para.1.

22) 欧州諸機関においてこの言葉が初めて用いられたのは，1993年に開催された欧州審議会ウィーン首脳会議最終文書である。なお，OSCE で公式にこの言葉が用いられたことはない。

23) 1993年 6 月に開催された EU コペンハーゲン欧州理事会において決定された，新規加盟候補国に対する「コペンハーゲン基準」によると，新規加盟国には国内のマイノリティ保護が求められる。この保護の基準は，EU 独自の基準ではなく OSCE コペンハーゲン文書やジュネーブ少数民族専門家会議最終文書などに依拠している。

24) CSCE 研究の第一人者の一人である宮脇は，このことを「まるで〜しているふり」という as if game が行われている，と論じている。宮脇 (2003) 参照。

参考文献

・国際機関文書

Council of Europe (2009) GUIDELINES ON AN INTERNATIONALLY RECOGNISED STATUS OF ELECTION OBSERVERS (CDL-AD(2009)059)

OSCE Office for Democratic Institutions and Human Rights (ODIHR) (2005) Election observation: a decade of monitoring elections: the people and the practice

OSCE Office for Democratic Institutions and Human Rights (ODIHR) (2006) Annual Report 2005

OSCE Office for Democratic Institutions and Human Rights (ODIHR) (2007) Annual Report 2006

OSCE Office for Democratic Institutions and Human Rights (ODIHR) (2008) Annual Report 2007

OSCE Office for Democratic Institutions and Human Rights (ODIHR) (2009) Annual Report 2008

OSCE Office for Democratic Institutions and Human Rights (ODIHR) (2010) Election Observation Handbook (6th Edition)

OSCE Office for Democratic Institutions and Human Rights (ODIHR) (2010) Annual Report 2009

OSCE Office for Democratic Institutions and Human Rights (ODIHR) (2011) Annual Report 2010

この他選挙監視レポートは，注に記載。

Beigbeder, Yves (1994) *International monitoring of plebiscites, referenda and national elections: self-determination and transition to democracy*, Dordrecht; Boston: M. Nijhoff.

Bloed, Arie & Pieter van Djik eds. (1994) *The Challenges of Change: The Heksinki Summit and its aftermath*, Dordrecht: M. Nijhoff.

Bloed, Arie & Liselotte Leicht eds. (1993) *Monitoring Human Rights in Europe: Comparing International Procesures and Mechanisms*, Dordrecht; Boston: Nijhoff.

Heraclides, Alexis (1993) *Heksinki-II and its aftermath: The making of the CSCE into an Internatioanl Organization*, London; New York: Pinter Publishers.

Kalevi J. Holsti (1996) *The state, war, and the state of war*, New York: Cambridge.

Kelley, Judith G. (2012) *Monitoring democracy: when international election observation works, and why it often fails*, Princeton, N. J.: Princeton University Press

Kumar, Krishna (ed.) (1998) *Postconflict elections, democratization, and international assistance*, Boulder, CO: L. Rienner.

Bader, Max (2011) The Challenge of OSCE electoral assistance in the former Soviet Union, *International Helsinki Monitor*, 22(1), 9-18.

Bader, Max (2012) OSCE electoral assistance and the role of election commissions, *International Helsinki Monitor*, 23(1), 19-29.

Bader, Max (2012) "Trends and patterns in electoral malpractice in post-Soviet Eurasia," *Journal of Eurasian Studies*, 3, 49-57.

Balian, Hrair (2005) "ODIHR's election work: Good value?," *International Helsinki Monitor*, 16(3), 169-175.

Bowring, Bill (2000) "Russia's accession to the Council of Europe and human rights: Four years on," *International Helsinki Monitor*, 11(1), 53-72.

Bloed, Arie (1992) "Oslo Seminar of Experts on Democratic Institutions: A CSCE Meeting with Teething Troubles," *International Helsinki Monitor*, 3(1), 17-22.

Evers, Frank (2010) "OSCE Election Observation-Commitments, Methodology, Criticism," in *OSCE Yearbook 2009*, 235-255.

Ghebali, Victor-Yves (2004) "Debating Election and Election Monitoring Standards at the OSCE: Between Technical Needs and Politicization," in *OSCE Yearbook 2005*, 215-229.

Loewenhardt, John (2005) "A clash of observation," *International Helsinki Monitor*, 16(1), 1-3.

Mitchell, Gerald (1995) "Election Observation is More than just a One Day Event, How ODIHR is Meeting the Challenge of Long-term Election Observation," in *OSCE Yearbook 1995/96*, 199-210.

Oberschmidt, Randolf (2001) "Office for Democratic Institutions and Human Rights-An interim Appraisal," *International Helsinki Monitor*, 12(4), 277-290.

Oberschmidt, Randolf (2002) "Ten Years of the Office for Democratic Institutions and Human Rights-An interim Assessment," in *OSCE Yearbook 2001*, 387-400.

White, Stephen (2003) "The Presidential election in Belarus, September 2001," *Election Studies*, 22, pp. 173-178.

White, Stephen & Elena Korosteleva-Polgalse (2006) "The Parliamentary election and referendum in Belarus, October 2004," *Election Studies*, 25, 155-160.

Zaagman,Rob (1992) "Institutional Aspects of the CSCE Human Dimension after Helsinki-Ⅱ," in Bloed, Arie & Pieter van Djik (eds.) (1994) *The Challenges of Change: The Heksinki Summit and its aftermath*, Dordrecht: M. Nijhoff., 231-281.

植田隆子・百瀬宏（編）（1992）『欧州安全保障会議（CSCE）1975-92』日本国際問題研究所。

吉川元（1994）『ヨーロッパ安全保障協力会議（CSCE）』三嶺書房。

Ⅲ 「不正」の政治過程

　———（2000）（編）『予防外交』三嶺書房。
　———（2007）『国際安全保障論』有斐閣。
宮脇昇（2003）『CSCE人権レジームの研究——「ヘルシンキ宣言」は冷戦を終わらせた』国際書院。
依田博（2000）『紛争社会と民主主義——国際選挙監視の政治学』有斐閣。
吉川元（2011）「分断されるOSCE安全保障共同体——安全保障戦略をめぐる対立と相克の軌跡」，日本国際連合学会（編）『国連研究』，12，95-122。
宮脇昇（2000）「民主主義・人権事務所」吉川元（編）『予防外交』三嶺書房。

参考ウェブサイト（アクセス日は初出時に記述）
・欧州安全保障協力機構民主主義・人権事務所
http://www.osce.org/odihr（最終アクセス日：2014年9月20日）
・欧州審議会
http://www.coe.int（最終アクセス日：2014年9月10日）
・欧州審議会ヴェニス委員会
http://www.venice.coe.int（最終アクセス日：2014年9月20日）
・欧州連合
http://www.europa.eu.int/（最終アクセス日：2014年9月10日）
・北大西洋条約機構
http://www.nato.int（最終アクセス日：2014年9月10日）
・フリーダムハウス
http://www.freedomhouse.org/（最終アクセス日：2014年9月10日）

第 9 章

地球環境政策における公約の後退

横田匡紀

1 問題の所在

　気候変動，オゾン層破壊，生物多様性などの地球環境問題は現代国際社会の重要な課題の一つである。特に気候変動問題は，その原因となる二酸化炭素などの温室効果ガスは経済といった人間活動と密接にかかわるため，重要な問題として注目されている。この問題に関して，1992年に国連気候変動枠組み条約，1997年に京都議定書が採択されている。京都議定書では，先進国の締約国に対して，気候変動の主要な原因となる温室効果ガス排出量を1990年の水準と比較して2008年から2012年までの間に約5％削減することを決めている。その後，2020年以降の新たな国際枠組みをめぐる国際交渉が行われ，2015年にパリ協定が採択され，2016年に発効した。

　気候変動問題に関して，本章では日本の気候変動政策に注目する。この主題に関してはさまざまな先行研究を指摘することができる[1]。本章では先行研究を踏まえつつも，先行研究では十分に言及されていない（2013年以降の国際枠組みである）ポスト京都議定書以降の展開に注目し，その変化と連続性に注目する。ポスト京都議定書への対応にあたって，日本は2009年9月に当時の民主党政権が2020年までに1990年水準と比較して25％削減するという数値目標を提唱したが，2013年11月には2005年の水準と比較して3.8％削減するとの方針を示し，気候変動政策は後退している。また2015年7月に2030年までに2013年の水準と比較して26％削減の目標とする約束草案を提示したが，この目標についても実行可能性などで批判がある。

　本章では以上の事例について当初示した公約が後退するという側面に注目す

Ⅲ 「不正」の政治過程

る。具体的には，本稿では日本の気候変動政策の変化の軌跡をたどることで，当初の公約が後退した側面をみていく。また公約が後退した要因を検討する際に，本稿では以下の点に注目する。第一は争点領域における情報の非対称性，不完備性である。すなわち地球環境問題など情報が極めて専門的な内容によって構成される場合に行政と市民の間での情報量が非対称的となる点に注目する。第二は当初の公約を守らないことに対する反発の少ない組織や政治体制である。特に国際的な基準への適応する際，国内での「調整コスト」が生じる場合にそうした組織や体制の特質が問題となる（Drezner, 2008）。

なお本書の主題は「不正」であるが，この点について本章では公正，公平ではないと広く捉え（新村，1991），気候変動政策における公約の後退も広義の「不正」に含まれるものとする。以下では気候変動政策の展開を取り上げたうえで，前述の公約が後退した要因について考察する[2]。

2　気候変動政策の国際的展開

本節では気候変動政策の展開について国際状況について取り上げる[3]。気候変動問題は1980年代後半以降，国際社会で注目されるようになった。1988年に国連環境計画と世界気象機関のもとに「気候変動に関する政府間パネル（IPCC）」が設置された。IPCCでは気候変動の原因，影響，対応策に関して世界各国の専門家が議論し，定期的に報告書を公表している。1992年には国連気候変動枠組み条約（UNFCCC）が採択された。UNFCCCは緩やかな原則を定めた枠組み条約の性質を有し，大気中の温室効果ガスの濃度安定化，共通だが差異ある責任原則，誓約と審査といった点が盛り込まれている。1995年からUNFCCCの締約国会議（COP）が開催され，1997年には京都議定書が採択された。京都議定書では，前述のように，温室効果ガスの排出量を先進国の締約国が2008年から2012年までの間（第1約束期間）に1990年の水準と比較して約5％削減すること，共同実施，排出量取引，クリーン開発メカニズムなど温室効果ガス排出量削減のための手段などを取り決めた。2001年に開催されたCOP7でマラケシュ合意が成立し，実施措置の詳細が決められた。

第9章　地球環境政策における公約の後退

　2005年に京都議定書は発効し，2013年以降の国際枠組みのあり方であるポスト京都議定書をめぐる議論が活発になった。2007年のCOP13でバリ行動計画が決められ，2009年のCOP15までに合意することが決められた。しかしながら，COP15でコペンハーゲン合意を成立させようとしたが，一部の国の反対により合意を留意するという形となった。COP16でコペンハーゲン合意を継承したカンクン合意が成立した。カンクン合意では，世界全体の気温上昇を2度以内に抑えること，各国の温室効果ガスの排出量を測定，報告，検証（MRV）の導入，発展途上国への支援などが取り決められた。

　COP17ではダーバン合意が成立し，新たな交渉の場であるダーバンプラットフォーム特別作業部会（ADP）を設け，2015年までにすべての国が参加する議定書，法的文書または法的拘束力を有する成果を合意し，2020年までに発効させ，実施すること，資金援助に関するグリーン気候基金の基本設計などが確認された。COP18のドーハ合意ではEUなどが参加する第2約束期間の期限を2020年までとすることなどを決めた。この点について日本は第2約束期間に参加しないことを表明している。第二に約束期間に参加しない国も自主的に削減のための計画を策定することが求められている。

　COP19のワルシャワ合意では，2020年以降の約束について，各国が自主的に決定する約束のための国内準備を開始し，2015年のCOP21に向けた事前協議のために十分先立ち（準備ができる国は2015年第1四半期までに），約束草案を示すことを招請することを決定した。また気候変動の悪影響による損失と被害の問題について，気候変動に脆弱な島嶼国などの主張を受け，ワルシャワ国際メカニズムの設立が決定された。

　2014年6月に開催されたADP閣僚級対話では2020年目標の野心向上，2020年以降の新たな法的枠組みの要素および200年以降の約束草案の準備状況などについて議論された。特に各国の約束草案について，2015年第一四半期の提出を以前より明言していた米国および欧州諸国に加え，中国が公の場で初めて2015年早期に提出することを明言した。日本については，日本の温暖化対策を紹介するとともに，2020年以降の新枠組みに関する日本の考え方として，全ての国が参加する公平かつ実効的な枠組み構築が必要であることを訴えた一方で，

163

Ⅲ 「不正」の政治過程

約束草案の提出時期は明言しなかった。この点について，気候変動問題に関する非政府組織（NGO）の国際ネットワークである気候行動ネットワーク（CAN）は，日本は2015年3月末までに約束草案を提出すべき，中国などの大国が目標案の早期提出を表明している中で，日本は逆行していると批判した（気候ネットワーク，2014）。

　2014年9月に国連気候変動首脳会議（気候変動サミット）が開催された（外務省，2014）。気候変動サミットは，ポスト京都議定書の国際交渉，国際的取組みを加速させることを目的として，潘基文国連事務総長のイニシアティブにより開催され，世界各国・地域の首脳や閣僚が参加した。このサミットでは，気候変動問題が喫緊の課題であること，新枠組みを合意することの重要性を確認した他，グリーン気候基金への資金拠出の約束表明などがなされた。特に米国と中国が主導権を発揮したと伝えられている。日本はこれまでの技術革新を中心とした温暖化対策を紹介したうえで，今後3年間で，気候変動分野で1万4千人の人材育成などを約束するとした。前述の約束草案の提出時期は，できるだけ早期に提出することを目指すとし，具体的な時期の明言はなかった。

　また2013年9月にIPCC第1作業部会の第5次評価報告書が公表された。IPCCでは，前述のように，気候変動の原因，影響，対策について定期的に報告書を公表している。第4次評価報告書は2007年に公表され，科学的知見の観点から気候変動の深刻な現状を明らかにしている。第1作業部会では気候変動の自然科学的根拠を扱い，今回の報告書で気候変動の原因は人為的な活動による可能性が極めて高いことを指摘している。第2作業部会では気候変動の影響・適応・脆弱性を扱っている。ここ数十年で，すべての大陸と海洋において，気候の変化が自然および人間システムに対して影響を引き起こしているとし，気候変動の影響への対応策である適応策にも言及している。第3作業部会では気候変動の緩和を扱い，気温上昇を産業革命前と比べて2度以内に抑えるためには，2100年までに世界全体で2010年の水準と比べて温室効果ガス排出量をゼロまたはマイナスにする必要があることを指摘している[4]。

　2014年に開催されたCOP20のリマ合意では，各国の対立により，前述の事前協議の要素は弱められ，代わりに条約事務局が各国の約束草案を分析した報

告書出すこととなったほか，各国が提出する約束草案の要素に適応の要素を含むことなどが決められた。

　2020年以降の約束草案については，アメリカが2025年までに2005年比で26から28％削減するという目標，欧州連合（EU）は2030年までに1990年比で40％削減する目標，中国は2030年までに2005年比で国内総生産（GDP）あたり60から65％削減する目標を提示したほか，多くの国が条約事務局に提出した。UNFCCC事務局が10月に各国の約束草案を分析した報告書を公表した。この報告書では，10月1日までに提出した119の締約国の約束草案を分析し，2050年までに気温上昇を2度以内に抑えるのには不十分であると結論付けている（United Nations Framework Convention on Climate Change, 2015）。

　COP21ではパリ協定と関連するCOP決定が成果としてあげられ，気温上昇を（1.5度も視野に入れつつ）2度未満に抑制し，今世紀後半に温室効果ガス排出を実質ゼロになるように努めるほか，各国による5年ごとの進捗評価と約束草案の見直し，途上国の支援などを決めた（横田，2016）。パリ協定は2016年11月に発効した。

　気候変動問題をめぐる国際状況，特にポスト京都議定書の国際枠組みについて言及してきたが，その特徴として，気候変動問題におけるグローバル・ガバナンス，すなわち気候変動ガバナンスの様式がトップダウンからボトムアップへと変化している点を挙げることができよう。まずトップダウンについてであるが，前述の京都議定書において先進国の締約国に対して温室効果ガス排出量削減の数値目標を定めていることに示されるように，拘束力のある目標をCOPなど国連で決定し，実施すること，規制的手段を強調する。一方，ボトムアップでは各国，各アクターの自発的行動を重視する（Hare et.al, 2010; Rayner, 2010）。前述のように，ポスト京都議定書の国際交渉では，各締約国が自主的に決定した約束をベースとし，その妥当性を国際的に検証する方式となっている。また気候変動政策の分野では地方自治体などが先進的な政策をとっていることが特徴の一つであり，ボトムアップ型のガバナンスではCOP以外で実践されているそうした各種アクターのユニラテラルな行動にも注目していく。この点については実験的なガバナンスと形容する論者もいる（Hoffmann,

2011)。さらにボトムアップ型のガバナンスでは，経済や技術の重要性を強調することで，非規制的手段も重視し，企業などのアクターも関与させようと試みる。

3 国内での検討

次に日本の対応を取り上げることにしよう。日本の環境政策では内閣の下での地球温暖化対策推進本部，地球温暖化対策推進法，京都議定書目標達成計画の下で気候変動問題に対応していた。前述のように，2005年の京都議定書発効を契機にポスト京都議定書の国際枠組みをめぐる議論が活発なものとなった。具体的には温室効果ガス排出量削減の数値目標をどのように設定するか，数値目標達成のためにはどのような手段を講じるべきか，ポスト京都議定書の国際枠組みとして望ましいものは何かといった点に議論の重点が置かれていた。これらの中でも数値目標に関しては，2050年までの長期目標，2020年までと2020年以降の中期目標の設定が議論の焦点となった。以下では，1）2009年の政権交代前，2）2009年9月以降の民主党政権，3）2011年3月の東日本大震災以後，4）2012年12月以降の自公政権，5）26％目標に向けたプロセスの順にその変化をみていく。[5]

(1) 政権交代前

2007年5月に当時の第1次安倍内閣が美しい星へのいざない（Invitation to Cool Earth 50）を公表した。このビジョンでは第一に「世界全体の排出量を現状から2050年までに半減」とする長期目標を世界共通目標とすること，第二に2013年以降の国際枠組み構築に向けた原則として，主要排出国が全て参加し，世界全体での排出削減につながること，各国の事情に配慮した柔軟かつ多様性のある枠組み，省エネなどの技術を活かし，環境保全と経済発展とを両立させることを提唱していること，第三に，京都議定書の目標達成に向けた国民運動の展開を挙げている（首相官邸，2007）。

2008年1月に前述のCool Earth 50を具体化する目的でいわゆるクールアー

ス推進構想が提示された（首相官邸，2008a）。この構想では第一にポスト京都フレームワークとして，世界の温室効果ガス排出を今後10～20年にピークアウト，2050年までに少なくとも半減する必要があるとのIPCCの知見を踏まえ，主要排出国と共に国別総量削減目標を掲げること，目標策定に当たっては，エネルギー効率などをセクター別に割り出し，今後活用される技術を基礎として，削減可能量を積み上げ，削減負担の公平さを確保することを挙げている。第二に，国際環境協力として，世界全体で2020年までに30％のエネルギー効率改善目標を世界で共有すること，100億ドル規模の新たな資金メカニズム（クールアース・パートナーシップ）を構築し，途上国の温暖化対策を支援すること，第三に，イノベーションとして，革新技術の開発，低炭素社会への転換，環境・エネルギー分野の研究開発投資の重視，今後5年間300億ドル程度の投資を掲げた。

　2月には内閣総理大臣が主催する形で，低炭素社会に向けたさまざまな課題について有識者が議論を行うため，地球温暖化問題に関する懇談会が設けられた。この懇談会は環境省及び経済産業省の協力を得て，内閣官房が処理する形で会議の庶務がなされ，2008年3月から2009年5月まで会合は9回開催された。

　6月には「低炭素社会・日本をめざして」と題する総理大臣演説（首相官邸，2008b）では，世界全体での取り組みと足下での国民運動をもとに低炭素社会へ移行すること，低炭素社会への移行を新たな成長の機会と捉え，日本の良さ，伝統を生かすこと，長期目標としては，2050年までに世界全体で温室効果ガス排出量を半減する目標をG8および主要排出国と共有，先進国として発展途上国以上の貢献をすべく，日本として2050年までに温室効果ガス排出量を現状から60-80％削減する目標を提示したこと，中期目標としては，長期目標実現のために今後10-20年の間に世界全体でピークアウトさせることが必要であり，セクター別アプローチは目標達成のための有効な手法であること，国別目標設定にかかる国際的な方法論の確立を促進すること，日本の国別総量目標を2009年のしかるべき時期に発表することを示した。また目標達成のための具体的な政策として，第一に革新技術の開発と既存先進技術の普及，第二に，排出量取引や税制のグリーン化など国全体を低炭素化へ動かす仕組み，第三に環境モデ

Ⅲ 「不正」の政治過程

ル都市の選定など地方の活躍を支援すること，サマータイム制度の導入の検討などによる国民主役の低炭素化を挙げている。

こうした演説で示された方針に沿う形で，同月に前述の地球温暖化問題に関する懇談会による報告書，7月には低炭素社会づくり行動計画が発表された。

11月には地球温暖化問題に関する懇談会のもとに有識者から構成される中期目標検討委員会が設置された。この委員会では，中期目標について，地球温暖化問題の解決，経済成長，資源・エネルギー問題が両立するよう総合的観点から検討を行うことが必要であるとし，検討プロセスにおいては，複数の目標値を仮置きし，それぞれを実現するための対策に伴うコストや経済的プラスの効果，対策を取らない場合のコスト等を明確にするとしている（遠藤，2009）。2009年3月に地球温暖化対策の中期目標の選択肢を提示した（地球温暖化問題に関する懇談会，2009）。選択肢として1990年比でプラス4％からマイナス25％の範囲で主として4つの選択肢を提示した。[6] 選択肢の提示を受けて，広く国民の意見を問うために4月から5月にかけて地球温暖化の中期目標に関する意見交換会を開催したほか，パブリック・コメントの募集や世論調査が行われた。また2009年4月に成長戦略として「未来開拓戦略」が発表され，さまざまな戦略の一つとして低炭素革命が取り上げられた。

2009年6月には当時の麻生内閣の下で中期目標が示された（首相官邸，2009a）。まず3つの基本原則として，第一に，主要排出国が全員参加することで公平性を確保し，その中で日本がリーダーシップを発揮すること，第二に，温暖化対策を息が長く実行可能なものにするためには環境と経済との両立が求められること，第三に，長期目標の実現につながるものとすることを挙げている。このうち，長期目標の実現については，2050年までに世界全体の排出量を半減するという長期目標，そのために世界全体の排出量を先進国は2015年，途上国は2025年までにピークアウトすることを目指すべきであること，日本は2050年までに60-80％の削減を目指すとしている。

こうした基本原則をもとに，中期目標として，2020年までに2005年比で15％削減する目標を掲げた。今回の目標は国内での省エネなどの努力を積み上げて算定したもので，海外からお金で買ってきた分などを含まない，いわゆる真水

の目標であり、欧米と比較しても遜色のないものとなり、低炭素革命で世界をリードする目標であるとしている。

以上で政権交代前の国内状況について言及したが、国際交渉における行動でもそうした国内での動向を反映する形となった。特に長期目標を共有する必要性やセクター別アプローチを強調していた。

（２）民主党政権

2009年の第45回衆議院議員総選挙により政権交代が実現し、9月に民主党を中心とする連立政権が成立した。気候変動政策に関して、民主党は連立政権が成立する以前から活動を行っている。

たとえば、民主党は2007年5月に脱地球温暖化戦略を発表している（民主党『次の内閣』環境部門地球温暖化対策小委員会、2007）[7]。この戦略では基本的な考え方として、中期目標を含む数値目標の設定、京都議定書の目標である6％の達成、新たな国際枠組み構築において日本が主導的な役割を果たすこと、脱炭素社会へ向けたライフスタイルの転換を掲げている。このうち、数値目標については、中期目標として2020年までに1990年比で20％削減すること、長期目標として、2050年よりも早い時期に排出量を半減することを掲げている。こうした基本的な考え方のもとに、EU域内排出量取引制度（EU-ETS）で実施されているようなキャップ＆トレード方式による国内排出量取引制度の導入、再生可能エネルギーの一次エネルギーに占める割合を2020年までに10％程度に引き上げること、地球温暖化対策税の導入、省エネルギーの徹底などの具体的対策を提言している。なお前述の数値目標に関して、IPCCの第4次評価報告書の知見やEUの動向への配慮の必要性に言及している。

2008年6月と2009年4月に参議院において地球温暖化対策基本法案を提出している（参議院、2008、2009）。この法案では地球温暖化対策の基本的な方針、国、地方自治体、事業者などの責務などを扱っている。国の責務の一つとして基本計画を定めることを挙げており、基本的な方針の他に、数値目標、国内排出量取引制度、地球温暖化対策税、再生可能エネルギーの固定価格買取制度、革新的な技術の開発の促進、エネルギー使用の合理化促進、排出量の情報公開、

III 「不正」の政治過程

フロン類の使用抑制，吸収源，適応といった事項が含まれている。このうち，数値目標について，中期目標として，2020年までに1990年比で25％を超える量を削減すること，長期目標として，2050年までのできるだけ早い時期に，1990年比で60％を超える量を削減することを挙げている。また再生可能エネルギーなどの「新エネルギー」の供給量の割合を2020年までに10％に達するようにすることも取り上げられている。

2009年の衆議院議員総選挙の際のマニフェストにも気候変動政策について言及している（民主党，2009）。具体的には地球温暖化対策を強力に推進し，新産業を育てるとし，2020年までに温暖化ガスを25％（1990年比）するため，排出量取引市場の創設，地球温暖化対策税導入の検討，太陽光パネル，環境対応車，省エネ家電などの購入を助成し，温暖化対策と新産業育成を進めることを挙げている。

連立政権後の9月に当時の鳩山由紀夫首相は国連総会での演説で気候変動問題，特に温室効果ガス排出量削減の数値目標に言及した（首相官邸，2009b）。演説では，数値目標について，IPCCでの議論，科学の警告を真剣に受け止め，科学が要請する水準に基づくものとして，1990年比で2020年までに25％削減することをめざす。その実現のために，排出量取引制度や再生可能エネルギーの固定価格買取制度の導入，地球温暖化対策税の検討など，あらゆる政策を総動員すると言及した。さらに世界のすべての主要国による，公平かつ実効性のある国際枠組みの構築が不可欠であり，すべての主要国の参加による意欲的な目標の合意がその約束の前提になるとした。またこの演説では発展途上国への支援についても言及しており，日本を含む先進国が相当の新規で追加的な官民の試験での貢献，とりわけ資金支援で実現される発展途上国での排出削減に関するルールづくり，発展途上国への資金支援のための革新的メカニズムの検討を主とした「鳩山イニシアティブ」を提唱している。2009年12月におけるCOP15においてもこうした政策をアピールした。

政権公約で示された政策を実現するためにさまざまな取り組みがなされた。具体的には地球温暖化問題に関する閣僚委員会が設けられ，その下で位置付けられる副大臣級検討チームにおいて，中期目標，鳩山イニシアティブ，国内排

出量取引の問題が検討された。他にも2010年4月に中央環境審議会地球環境部会のもとに中長期ロードマップ小委員会が設けられ，中長期目標を達成するための具体的対策・施策（中長期ロードマップ）を提示するための検討が行われ，12月に中間報告が公表された（中央環境審議会地球環境部会中長期ロードマップ小委員会，2010）。

　地球温暖化対策基本法についても実現が試みられた。この法案は2010年3月に閣議決定され，国会に提出された（衆議院，2010）。以前に提出した法案と同様，対策の基本的な方針，国，地方自治体，事業者，国民の責務などを扱っている。温室効果ガス排出量削減に関する数値目標についても扱われている。中期目標については，以前に提出した法案と同様，2020年までに1990年比で25％削減とされている。ただし，「すべての主要な国が，公平なかつ実効性が確保された地球温暖化防止のための国際枠組みを構築するとともに，温室効果ガスの排出量に関する意欲的な目標について合意をしたと認められる場合に設定される」との前提がつけられた[8]。長期目標については，2050年までに1990年比で80％削減することにより，世界全体で温室効果ガス排出量を半減するとの目標をすべての国と共有するよう努めるとしている（岩澤，2014：83）。この他に，国内排出量取引制度，地球温暖化対策税の検討，再生可能エネルギーの全量固定価格買取制度といった主要な施策に加え，原子力，エネルギー使用合理化の促進，交通，革新的技術開発の促進，適応なども取り上げている。なおこの法案は，衆議院では与党が強行採決を行ったが，参議院では審議未了で廃案となった。

　また排出量取引制度の導入も試みられた。排出量取引制度は2005年に開始された環境省自主参加型国内排出量取引制度，2008年に政府全体の取り組みとして開始された国内クレジット制度が挙げられる。前述の地球温暖化対策基本法案でも排出量取引制度について取り上げられており，法律施行後1年以内を目途に成案を得るものとしていた。前述の地球温暖化問題に関する閣僚委員会でも議論されたほか，中央環境審議会地球環境部会のもとに国内排出量取引制度小委員会が設けられ，2010年4月から12月までの間に18回会合が開催され，検討が行われた。特に今までの自主的な取り組みではなく，キャップ＆トレード

Ⅲ 「不正」の政治過程

方式の排出量取引制度を具体化するためのあり方，制度設計について議論が行われ，12月に中間報告を公表している（中央環境審議会国内排出量取引制度小委員会，2010）。ただこの中間報告でも，排出枠の設定で柔軟性を持たせ原単位方式も認めていること，国際競争力や企業への負担にも配慮するといったことが強調され，当初のキャップ＆トレード方式から大きく後退することとなった。この排出量取引制度についても，2010年12月の閣議においてその導入を先送りすることが決定された（飯田，2011）。

また2010年のCOP16では，主要排出国の参加や公平性，京都議定書の第2約束期間には参加しないことを強調し，数値目標については消極的な姿勢をみせるようになった。

（3）東日本大震災

2011年3月に東日本大震災，それに伴う東京電力福島第一原子力発電所での事故が起きた。この事故により日本の気候変動政策は大きく見直されることとなった。気候変動問題への対応に関して，日本は原子力発電の活用を前提としていた。2010年6月のエネルギー基本計画第二次改訂では2030年までに電源構成に占めるゼロ・エミッション電源（原子力および再生可能エネルギー由来）の比率を約70％（2020年には約50％以上）とすること，原子力については新増設（少なくとも14基以上）及び設備利用率の引き上げ（約90％）が言及されていた（資源エネルギー庁，2010）。しかしながら，原子力発電所での事故，および世論の変化を受け，原子力発電所の新増設が困難な状況となった。こうした状況の変化に伴い，エネルギーのあり方や数値目標の見直しが検討された。

2011年6月に政府の新成長戦略実現会議の下にエネルギー・環境会議を設け，全体を俯瞰して検討が進められることとなった。7月には中央環境審議会地球環境部会の下に，前述の中長期ロードマップ小委員会を改組する形で「2013年以降の対策・施策に関する検討小委員会」が設けられた。

また2012年4月には第4次環境基本計画が決められ，気候変動問題についても取り上げられていた（中央環境審議会，2012）。環境基本計画は中央環境審議会総合政策部会で検討が行われてきた。第4次環境基本計画では，気候変動問

題について，長期目標として，2050年までに80％の温室効果ガスの排出削減を目指すことを挙げ，2013年以降の国際交渉について，すべての国が参加する公平かつ実効性のある国際枠組みを早急に構築するために，国際的議論に積極的に貢献すると言及している。中期目標については，前提条件付きの25％削減の数値目標を挙げつつも，東日本大震災，原子力発電所の事故に伴うエネルギー政策の見直しといった状況の変化を受けて（これから）策定する新たな温暖化対策の計画に基づき，施策を進めるとの記述であった。

2012年6月中央環境審議会地球環境部会2013年以降の対策・施策に関する検討小委員会による報告書が公表された。この検討小委員会は2011年8月から2012年6月まで21回の会合を開催された。報告書では，東日本大震災と原子力発電所事故によるエネルギーと環境問題の状況の変化を受け，科学的知見，国際交渉の状況，有効性や実現可能性，経済活動・国民生活に及ぼす影響を配慮し，国内外の確実な温室効果ガスの排出削減を実現できる形で，2013年以降の「地球温暖化対策に関する選択肢」として6つの原案が提示された（中央環境審議会地球環境部会，2012）。6つの原案では原子力発電の比率，2030年と2020年の温室効果ガス排出量削減の目標が提示されている。具体的には1）2030年原子力発電ゼロ（2020年目標11％削減，2030年目標），2）2020年原子力発電ゼロ（2020年目標5％削減，2030年目標25％削減），3）2030年原子力発電15％（2020年目標11％削減，2030年目標25％削減），4）2030年原子力発電15％で最大限の追加的措置をとった場合（2020年目標15％削減，2030年目標31％削減），5）2030年原子力発電20％（2020年目標12％削減，2030年目標27％削減），6）2030年原子力発電25％（2020年目標13％削減，2030年目標30％削減）という選択肢を示した。2020年の目標に関しては5～15％となっており，25％削減目標は想定されていない。また検討のプロセスでは，2030年での目標設定に重点が置かれ，最終段階に入り2020年時点での目標が示された。

2012年9月14日には前述のエネルギー・環境会議による「革新的エネルギー・環境戦略」が公表された。2012年6月の第11回エネルギー・環境会議でエネルギー・環境に関する選択肢が提示され，その後，討論型世論調査，パブリック・コメントなど国民的議論を進めた。選択肢については，省エネルギー

Ⅲ 「不正」の政治過程

を進め，原発依存度や化石依存度を減らし，CO2排出量を削減することを前提とし，2030年時点で原発依存度1）ゼロシナリオ，2）15％シナリオ，3）20-25％シナリオの三つを提示した。2030年時点での温室効果ガス排出量については，1）で23％削減，2）で23％削減，3）で25％削減できるとしている（エネルギー・環境会議，2012a）。

　この選択肢に基づいて，国民的議論を進めることになったが，その後，15％シナリオを誘導しているとの批判がなされるようになった。こうした批判はパブリック・コメントでも反映された。9月の「革新的エネルギー・環境戦略」ではゼロシナリオをベースとしている。原発に依存しない社会の実現に向けて，2030年代に原発稼働ゼロを可能となるよう，グリーンエネルギーを中心にあらゆる政策資源を投入するとした。また2030年温室効果ガス排出量削減（1990年比）の目標値についても言及している。具体的には，経済に関する慎重ケース（2010年代の実質経済成長率1.8％，2020年代0.8％）の場合は1990年比で概ね2割削減，成長ケース（2010年代の実質経済成長率1.8％，2020年代1.2％）の場合は概ね1割削減としている（エネルギー・環境会議，2012b）。

　しかしながら，この「革新的エネルギー・環境戦略」の扱いについて，9月19日の閣議決定では「柔軟性を持って不断の検証と見直しを行いながら施行する」とされ，弱められてしまった（日本政府，2012）。

（4）自公連立政権

　2012年12月の第46回衆議院議員総選挙において再び政権交代が行われ，自民党，公明党の連立政権が成立した。なおこの選挙では気候変動問題は大きな争点とはならなかった。自民党，民主党のマニフェストにも環境問題に関する言及はなかった。

　2013年1月に「25％削減目標をゼロベースで見直すとともに，技術で世界に貢献する攻めの地球温暖化外交戦略」の構築を目指すとの総理指示が表明された（首相官邸，2013）。2013年3月には地球温暖化対策本部の決定として「当面の地球温暖化対策に関する方針」が示された（地球温暖化対策推進本部，2013a）。この方針では，国際交渉における日本の立場を確認するとともに，2020年までの

温室効果ガス排出量削減の数値目標について，25％削減目標をゼロベースで見直し，その実現のために地球温暖化対策計画を策定するとした。この方針を受け，新たな数値目標，エネルギー政策のあり方が議論されることとなる。具体的には中央環境審議会地球環境部会と産業構造審議会環境部会地球環境小委員会の合同会合などで検討された。しかしながら，これらの会合では，国際交渉において日本の数値目標を何らかの形で示すべきであるとの見解が示される一方で，原子力発電の再稼働が見通せずエネルギー政策が確定しない状況において数値目標を示すことができないという見解もあったため（環境省・経済産業省，2013），新たな数値目標を提示するには至らなかった。

　2013年11月に地球温暖化対策推進本部で，1990年比25％に代わる新たな2020年までの温室効果ガス排出量削減の数値目標として，2005年比3.8％削減とすることが提示された（地球温暖化対策推進本部，2013b）。この目標は，最大限の努力によって実現を目指す野心的な目標であると同時に，原子力による温室効果ガスの削減効果を含めずに設定した現時点での目標であること，今後，エネルギー政策の検討を踏まえて見直し，確定的な目標を設定することとした。

　また数値目標と同時に「攻めの地球温暖化外交戦略」の提案が示された（外務省，経済産業省，環境省，2013）。2050年世界半減，先進国80％削減という温室効果ガス排出量削減の目標実現に向けて，優れた環境エネルギー技術で世界に貢献する攻めの姿勢を示すとし，「美しい星への行動（Actions for Cool Earth）」を策定した。具体的には，革新的な技術開発（イノベーション），低炭素技術の展開による温暖化対策と経済成長の同時実現（アプリケーション），脆弱国の支援による日本と途上国のWin-Win関係の構築（パートナーシップ）から構成されるさまざまな施策が示された。こうした国内での動向を受け，2013年のCOP19では3.8％の数値目標，攻めの地球温暖化外交戦略を表明したが，25％目標から大きく後退していることから，各国から批判されることとなった。

　エネルギー政策について，2014年4月にエネルギー基本計画の見直しが示された（資源エネルギー庁，2014）。原子力発電については，運転時には温室効果ガスの排出も少ないことから，安全性の確保を大前提に，エネルギー需給構造の安定性に寄与する重要なベースロード電源としている。気候変動問題につい

Ⅲ 「不正」の政治過程

ては，世界全体の温室効果ガス排出量削減に貢献していく必要性，前述の2050年に世界で温室効果ガス排出量を半減，先進国では80％削減を目指すという目標を達成することが求められていること，エネルギー関連先端技術の導入を支援すること，さまざまなエネルギー源で温室効果ガス排出削減に配慮するといった記述がある一方で，2020年までの中期目標についての言及はなかった。

（5）26％目標

　前述のエネルギー基本計画の見直しを受け，2030年の電源構成のあり方や温室効果ガス排出削減の数値目標をめぐる議論が行われるようになった。電源構成のあり方については，総合資源エネルギー調査会基本政策分科会長期エネルギー需給見通し小委員会で検討が行われた。気候変動政策については，2014年10月から2015年4月にかけて，中央環境審議会地球環境部会2020年以降の地球温暖化対策検討小委員会・産業構造審議会産業技術環境分科会地球環境小委員会約束草案検討ワーキンググループ合同会合を開催し，検討された。2015年4月の長期エネルギー需給見通し小委員会，検討ワーキンググループ合同会合で温室効果ガス削減目標案とエネルギーの電源構成案が提示された（総合資源エネルギー調査会長期エネルギー需給見通し小委員会，2015）。その後，これらの案をもとに地球温暖化対策推進本部が2015年7月に日本の約束草案を決定し，UNFCCC条約事務局に提出した（明日香，2015a；地球温暖化対策推進本部，2015）。

　2030年の電源構成については，原子力が20-22％，再生可能エネルギーが22-24％，石炭が26％，LNGが27％とし，3年ごとに見直しをするとした。2030年に向けた温室効果ガス排出量削減の数値目標については，前述のように，2013年比で26％削減する目標を決定した。

　これらの数値目標を決定するにあたっては，経産省，環境省，外務省を中心に調整が行われた。当初は消極的な対応であったが，アメリカやEUがすでに目標を出していることを踏まえ，国際的に遜色のない水準にする必要があるとの認識で一致するようになったと伝えられている（日本経済新聞，2015）。

　ただこれらの目標については問題点が指摘されている。たとえば，削減目標の前提となる電源構成の実現可能性についてである。特に原子力について，

2030年までに20-22％とするとしているが，40年で廃炉にするという前提に立つ限り，多くても15％程度にしかならないとの指摘もある（橘川，2015）。電源構成については他にも，省エネ量や再生可能エネルギー導入量を過小評価している点，石炭火力の大量導入を想定している点なども問題点として指摘されている。特に石炭火力の大量導入については気候ネットワークをはじめとする国内の環境NGOから批判されている。

また約束草案の数値目標についても，まず基準年を2013年としているが，「都合よく移動させて見栄えのよさを演出」した過ぎないと指摘されている（浅岡，2015）。経団連はこの点について基準年を直近のものとするべきとの立場をとり，日本政府の約束草案を評価しているが（日本経済団体連合会環境安全委員会，2015），数値目標の評価はあくまでも1990年を基準として行われるべきであり，国際社会からは後ろ向きの姿勢として受け取られると批判されている（明日香，2015b）。

温室効果ガス排出量削減についても，日本政府の約束草案の目標だと，2050年の長期目標を達成することほぼ不可能であると指摘されている（明日香，2015b）。いわゆる中期目標は，2050年に気温上昇を2度以内に抑えるという長期目標に向けた一つのステップとして位置づけられるべきあり，そうした観点からすると約束草案は不十分であると批判される。複数の研究組織で構成されるClimate Action Trackerでも日本の目標は不適切であると評価された。

4　考　察

本節では冒頭で言及した観点から本章で取り上げた事例を位置付ける。

第一は争点領域における情報の非対称性・不完備性である。情報を受け取る側の市民はメディアからの断片的な情報に依存しており，当該の争点領域について完全な知識を有さない。第一の視点では，そうした情報の非対称性・不完備性が公約を後退させるという行動を導くと捉える。地球環境問題の場合は国境横断的な市民のネットワーク形成の活動により情報が共有される側面がある一方，専門性の高さから情報の非対称性や不完備性が促進されるという側面も

Ⅲ 「不正」の政治過程

あると考えられる。特に後者の点については信条などを共有した国境横断的な専門家ネットワークである認識共同体（epistemic community）が国際レジーム形成において重要な役割を果たすとする議論がある。

本章の事例では，気候変動問題の専門性の高さから，認識共同体の役割が重要となる一方で，情報の非対称性や不完備性が生じやすいと考えられる。市民もメディアからの断片的な情報をもとに気候変動問題を認識していると考えられる[9]。

この事例で指摘されるのは，ポスト京都議定書の国際枠組みに向けた交渉が活発になるのに呼応して，気候変動問題への関心が高まった一方で，その後，関心は相対的に低下している点である。国際状況について前述したように，IPCCの報告書でもその深刻さが指摘され，早急に対応しなければならない問題である一方で，積極的に対応できていない。本章の事例でみられるそうした消極的な姿勢の一因として，気候変動問題への関心の相対的低下が挙げられるのではないかと考えられる[10]。

気候変動問題への認識については，他にも生活への負担といった経済との関わり，原子力発電との関わり，異常気象との関わりなどが考えられよう。たとえば，経済への関心が高まれば気候変動問題への関心が相対的に低下すること，原子力発電の必要性を強調する中で気候変動問題への対応が議論されること，異常気象の原因の一つとして気候変動問題を指摘するといった議論が推察されよう。これらの認識の問題については今後の検討課題となる。

第二は組織・体制の問題である。冒頭でも言及したように公約を守らないことに対する反発が少ない組織・体制においては当初掲げた公約を後退させる行動も起こりやすくなると考えられよう。日本の気候変動政策をめぐるアクターの構図として，環境保護の省庁と産業界の意向を尊重する省庁との対立，対立を調整する首相官邸の存在が指摘できよう。たとえば，前述の2013年11月の3.8％目標設定の際には，両者の省庁の対立により目標を提示できないでいる状況を首相官邸が調整したとの指摘がある（朝日新聞，2013）。

利益に基づく立場から環境問題に関する国家の行動について研究では，環境破壊に対する脆弱性が高いと積極的になり，対応へのコストがかかる場合は消

極的になるとして，さまざまな国家の行動を類型化している（Sprinz and Vaah-toranta, 1994）。本章の事例では気候変動に対する脆弱性は相対的に低い一方で，その対応コストは高くつくものとして認識されている。そのため産業界の意向が相対的に反映されやすい組織・体制であると考えられる。

　たとえば，経団連は気候変動問題で規制を設けると，競争力，雇用，経済などへ悪影響を与えることになるとして慎重な姿勢をとっている。経団連は気候変動問題に関して，1997年に環境自主行動計画，2009年に低炭素社会実行計画を取り決めている。低炭素社会実行計画では各企業で低炭素技術の最大限導入を前提として自主的に削減目標を設定すること，途上国への技術やノウハウの移転による国際貢献，革新的技術開発などを挙げており，自主的行動や技術の活用が強調されている（日本経済団体連合会，2009）。

　こうしたアプローチをベースとして，政府の気候変動政策に対して声明を発表している。たとえば，前述の地球温暖化対策基本法案に関しては，2010年2月に，経済や雇用に与える影響，国際的な公平性，実現可能性を踏まえ，国民的な議論を行っていく必要があるとの声明を出している（日本経済団体連合会，日本商工会議所，経済同友会，2010）。2013年10月には「当面の地球温暖化政策に関する考え方」を示し，国内での最先端技術の最大限の導入，省エネ製品・サービス普及による使用・消費段階を含むライフサイクル全体でのCO_2排出量削減，日本の技術・製品・ノウハウの海外での普及による地球規模での貢献，革新的技術の開発といった従来の立場を確認している。加えて2020年目標についても言及しており，原子力発電の将来の稼働状況を見通すのが困難であること，それに伴い，エネルギーミックスの策定も難しい中では決定・表明することは適切ではないとの立場を示した（日本経済団体連合会，2013）。

　この他にも経団連は中央環境審議会や産業構造審議会の委員に選出されている。審議会を通じて，政府の施策にさまざまな意見を表明している。国内状況で取り上げてきた政府の施策はこうした産業界の提言を反映しているものと考えられよう。

　またNGOといった市民社会のかかわりが相対的に弱いこともそうした傾向に拍車をかけていると言えよう。NGOについては，2009年のCOP15から日本

政府代表団にNGOが加わることになり、気候ネットワークなどの環境NGOは積極的に活動している。また前述の2009年6月に提示された中期目標の策定時にはパブリック・コメントや世論調査、2012年9月の革新的エネルギー・環境戦略の策定時には討論型世論調査も加えられるなど、国民的議論を行っている。ただそうした取り組みはまだ不十分であり、今後拡充していくことが望まれる。

5　総括と展望

　以上で本章において地球環境政策における公約の後退を取り上げてきた。
　国際状況として、京都議定書では義務的な規制を課すトップダウン的なガバナンスとして位置付けられていたのに対して、ポスト京都議定書の国際枠組みではアクターの自主性を尊重するボトムアップ型のガバナンスへと変容している一方で、IPCC第5次評価報告書の知見により気候変動問題の深刻さや早急に対応する必要性が示されたこと、米国や中国なども従来の消極的な姿勢から転換をはかりつつ中で日本は積極的な打ち出せていない点を明らかにした。
　国内状況については、ポスト京都議定書の国際枠組みの問題に対応するにあたって、2050年までの長期目標は比較的速やかに提示できた一方で、2020年までの中期目標の策定は困難を伴った。当時の麻生内閣は2008年6月に2005年比15％削減の目標を提示したが、その後、政権交代が起こり、民主党を中心とする連立政権が成立した。民主党政権では中期目標について積極的な目標を打ち出したが、その後、国内で具体化するプロセスで停滞することになる。国際交渉においても、主要排出国の参加、公平な枠組みを強調する一方で、数値目標については消極的な態度に終始した。2011年3月の東日本大震災以後は、気候変動政策の前提となる原子力発電の位置づけについて見直さざるを得なくなったため、併せて数値目標も再検討することになった。この点について、2030年時点での目標や2050年の長期目標を強調する一方で、25％目標の撤回を明言できない状況であった。2013年11月になり、3.8％目標を提示するに至った。
　この事例に関して、情報の非対称性・不完備性、組織・体制の二つの視点か

ら検討を行った。前者に関しては，気候変動問題への関心が相対的に低下したこと，後者の問題については，産業界の意向が反映しやすい組織・体制が問題となることを指摘した。

　今後の検討課題としては，日本以外の事例との比較検討が求められよう。気候変動政策において公約を後退させたのは日本だけではなく，そうした事例と比較検討することで，公約が後退する要因についてさらに理解を深めることができよう。

注

1) たとえば，蟹江（2015），久保（2011），久保（2012），太田（2013），Schreurs（2002），Watanabe（2011），渡邉（2015）などが挙げられる。
2) 本章は2014年10月10日に早稲田大学で開催された日本政治学会2014年度研究大会での報告，JSPS科研費（JP16K03488, JP16K03501, JP24530161）助成の成果をもとにしている。学会報告後に公刊された本章に関連する研究として明日香（2015a），渡邉（2015），太田（2016），亀山（2017）があることを付記しておく。
3) 気候変動政策の国際的展開については，Gupta（2014）などさまざまな研究がある。筆者も横田（2013）で言及している。
4) IPCC第5次評価報告書については，鬼頭（2014），高橋（2014），小西（2014）を参照。
5) 本章の事例研究では，中央環境審議会の資料，関連する政策の報告書などをもとにしている。またこの事例に関して横田（2012）でも検討している。
6) 合計で6つの選択肢を提示している。
7) この戦略は当時，民主党『次の内閣』環境部門地球温暖化対策小委員会の委員長であった福山哲郎により作成されている。
8) この前提により，目標の実行に曖昧な足かせがかかった（飯田，2011：143）。
9) メディアに関して，日本では記者クラブが政府の公式発表に過度に依存している点，気候変動問題ではIPCCによる科学を権威化している，官僚や業界，研究者といった極めて狭い利害関係者の発話を強調し，批判的な環境NGOや市民などの声は捨象される傾向にあるとの指摘もある（朝山，2015）。
10) 朝日新聞の記事データベースで「温暖化」をキーワードに検索したところ，件数は2009年以降減少している（「気候変動」のキーワード検索では2009年がピークとなっている）。この点について，朝日新聞の記事データベース『聞蔵Ⅱビジュアル

Ⅲ 「不正」の政治過程

　『朝日新聞記事データベース』におけるキーワード検索では，温暖化では，2005年1402件，2006年1054件，2007年2469件，2008年3308件，2009年2478件，2010年1678件，2011年1044件，2012年802件，2013年742件，2014年728件，2015年766件，2016年688件，気候変動では，2005年111件，2006年95件，2007年440件，2008年586件，2009年632件，2010年359件，2011年184件，2012年162件，2013年254件，2014年244件，2015年412件，2016年268件ヒットしている。

参考文献

朝日新聞（2013），2013年11月8日朝刊．
浅岡美恵（2015）「世界の温暖化対策は次のステージへ──COP21の論点と日本政府の責任」『世界』876号，74-82頁．
朝山慎一郎（2015）「気候変動におけるメディアと政策のはざま──ガバナンスの視座から再考するメディア言説の有効性」関谷直也・瀬川至朗編『メディアは環境問題をどう伝えてきたのか──公害・地球温暖化・生物多様性』256-291頁．
明日香壽川（2015a）『クライメート・ジャスティス──温暖化対策と国際交渉の政治・経済・哲学』日本評論社．
────（2015b）「原発なしの温暖化対策こそが平和と民主主義と経済発展を取り戻す」『世界』876号，83-93頁．
地球温暖化問題に関する懇談会（2009）『中期目標検討委員会第6回配布資料』
地球温暖化対策推進本部（2013a）『当面の地球温暖化対策に関する方針』
────（2013b）『第27回地球温暖化対策推進本部　議事要旨』
────（2015）『日本の約束草案』
中央環境審議会（2012）『環境基本計画（案）』
中央環境審議会国内排出量取引制度小委員会（2010）『我が国における国内排出量取引制度の在り方について（中間整理）』
中央環境審議会地球環境部会（2012）『2013年以降の対策・施策に関する報告書（地球温暖化対策の選択肢の原案について）』
中央環境審議会地球環境部会中長期ロードマップ小委員会（2010）『中長期の温室効果ガス削減目標を実現するための対策・施策の具体的な姿（中長期ロードマップ）（中間整理）』
Drezner, D. W. (2008) *All politics is global: explaining international regulatory regimes*, Princeton, N.J.: Princeton University Press.
遠藤真弘（2009）「地球温暖化対策の中期目標──国内での検討経緯と今後の国際交

渉」『ISSUE BRIEF』645号, 1-8頁。

エネルギー・環境会議（2012a）『エネルギー・環境に関する選択肢』

―――（2012b）『革新的エネルギー・環境戦略』

外務省（2014）『国連気候サミット（概要と評価）』

外務省, 経済産業省, 環境省（2013）『「ACE: Actions for Cool Earth（美しい星への行動）」（攻めの地球温暖化外交戦略）』

―――（2015）「COP21に向けた国際交渉の状況について」『産業構造審議会環境部会地球環境小委員会合同会合（第43回）配布資料』

Gupta, J.（2014）*The History of Global Climate Governance*, Cambridge: Cambridge University Press.

Hare, W., Stockwell, C., Flachsland, C. and S. Oberthur（2010）"The architecture of the global climate regime: a top-down perspective," *Climate Policy*, Vol. 10. No.6, pp.600-614.

Hoffmann, M. J.（2011）*Climate governance at the crossroads: experimenting with a global response after Kyoto* Oxford: Oxford University Press.

飯田哲也（2011）「新政権の環境エネルギー政策はなぜ逆噴射したか」『世界』812号, 139-148頁。

岩澤聡（2014）「地球温暖化対策における再生可能エネルギー」『再生可能エネルギーをめぐる諸相（調査資料）』国立国会図書館調査及び立法考査局, 71-96頁。

Kameyama, Y.（2017）., *Climate Change Policy in Japan*, London: Routledge.

環境省, 経済産業省（2013）「中央環境審議会地球環境部会産業構造審議会地球環境小委員会合同会合で頂いた主な御意見について」『中央環境審議会 地球環境部会（第119回）産業構造審議会 産業技術環境分科会 地球環境小委員会 合同会合（第40回）資料』

蟹江憲史（2015）「地球システムと化石燃料のリスクガバナンス」鈴木一人編『技術・環境・エネルギーの連動リスク』岩波書店, 107-130頁。

橘川武郎（2015）「新電源構成をめぐる政府の意図と問題点」『都市問題』106巻8号, 4-8頁。

気候ネットワーク（2014）『ボン会議（SB40/ADP2-5）の結果と評価』

鬼頭昭雄（2014）「気候変動の自然科学的根拠—IPCC第1作業部会第5次評価報告書」『環境と公害』44(1), 56-60頁。

近藤かおり（2012）「我が国のエネルギー政策の経緯と課題」『ISSUE BRIEF』762号, 1-12頁。

Ⅲ 「不正」の政治過程

小西雅子（2014）「IPCC 第 5 次評価報告書：緩和に関する対策の新たな知見——国連の温暖化交渉への示唆：2 度未満目標は不可能ではないが，著しい挑戦が必要」『環境と公害』44(1)，66-69頁。

久保はるか（2011）「地球温暖化対策の中期目標決定過程における専門的知識の活用」『環境研究』161号，201-218頁。

――――（2012）「地球環境政策——温暖化対策の変容と政界再編・省庁再編」森田朗・金井利之編『政策変容と制度設計——政界・省庁再編前後の行政』ミネルヴァ書房。

黒部純二（2013）「切れ目のない地球温暖化対策の推進——地球温暖化対策の推進に関する法律の一部を改正する法律案」『立法と調査』339号，42-57頁。

民主党（2009）『政権交代—— Manifesto 民主党の政権政策』

民主党「次の内閣」環境部門地球温暖化対策小委員会（2007）『民主党「脱地球温暖化　戦略—脱温暖化で，地球と人との共生を』

日本経済団体連合会（2009）『経団連　低炭素社会実行計画』

――――（2013）『当面の地球温暖化対策に関する考え方』

日本経済団体連合会環境安全委員会（2015）「「日本の約束草案（政府原案）」に対する意見——パブリック・コメント募集に対する意見」

日本経済団体連合会，日本商工会議所，経済同友会（2010）『地球温暖化対策基本法案に関する意見』

日本経済新聞（2015），2015年 5 月 1 日朝刊

日本政府（2012）『今後のエネルギー・環境政策について（平成24年 9 月19日閣議決定）』

新村出編（1991）『広辞苑（第 4 版）』岩波書店。

太田宏（2013）「日本の環境外交—地球温暖化対策とエネルギー政策をめぐる国際政治経済と国際交渉」大芝亮編『日本の外交　第 5 巻』岩波書店

――――（2016）『主要国の環境とエネルギーをめぐる比較政治：持続可能社会への選択』東信堂。

Oshitani, S. (2006) *Global warming policy in Japan and Britain: Interactions between institutions and issue characteristics*, Manchester: Manchester University Press.

Rayner, S. (2010) "How to eat an elephant: a bottom-up approaches to climate policy," *Climate Policy*, 10(6), pp.615-621.

参議院（2008）『第169回　参第25号　地球温暖化対策基本法案』

――――（2009）『第171回　参第19号　地球温暖化対策基本法案』

Schreurs, M. A. (2002), *Environmental politics in Japan, Germany, and the United States*, Cambridge: University Press, 2002
資源エネルギー庁（2010）『エネルギー基本計画』
─────（2014）『エネルギー基本計画』
衆議院（2010）『第174回　閣第52号　地球温暖化対策基本法案』
首相官邸（2007）『地球温暖化対策に関する内閣総理大臣演説：美しい星へのいざない「Invitation to『Cool Earth 50』」～3つの提案，3つの原則～』
─────（2008a）『ダボス会議における福田総理大臣特別講演』
─────（2008b）『福田内閣総理大臣スピーチ─「低炭素社会・日本」をめざして』
─────（2009a）『麻生内閣総理大臣記者会見──「未来を救った世代になろう」』
─────（2009b）『国連気候変動首脳会合における鳩山総理大臣演説』
─────（2013）『総理指示（第3回日本経済再生本部）』
総合資源エネルギー調査会長期エネルギー需給見通し小委員会（2015）「長期エネルギー需給見通し　骨子（案）」『総合資源エネルギー調査会長期エネルギー需給見通し小委員会（第8回会合）資料』
Sprinz, D F., and T. Vaahtoranta (1994) "The Interest-Based Explanation of International Environmental Policy," *International Organization*, 48 (1): 77-105.
高橋潔（2014）「IPCC第5次報告──顕在化しつつある影響・将来に懸念される影響」『環境と公害』44(1)，61-65頁．
United Nations Framework Convention on Climate Change (2015) *Synthesis report on the aggregate effect of the intentionally determined contributions: Note by the secretariat*, FCCC/CP/2015/7
横田匡紀（2012）「気候変動政策における規範競合」宮脇昇・玉井雅隆編『コンプライアンス論から規範競合論へ──ウソの社会的発生から消滅まで』晃洋書房，34-57頁．
─────（2013）「地球環境問題をどう解決するのか」佐渡友哲・信夫隆司編『国際関係論』弘文堂，185-200頁．
─────（2016）「地球環境ガバナンス」庄司真理子・宮脇昇・玉井雅隆編『改訂第1版　新グローバル公共政策』晃洋書房．
Watanabe, R. (2011), *Climate policy changes in Germany and Japan: a path to paradigmatic policy change*, London: Routledge
渡邉理絵（2015）『日本とドイツの気候エネルギー政策転換──パラダイム転換のメカニズム』有信堂．

おわりに

　「やらせ」という言葉はもともと，メディア業界で使用されていたものであったとされる。この言葉が一般化する契機となったのが，1989年の朝日新聞社記者による「朝日新聞珊瑚記事捏造事件」や，1992年に放送されたNHKスペシャル『奥ヒマラヤ禁断の王国・ムスダン』でのやらせ行為であった。様々な作為が当該番組でなされ，その作為に対して批判が殺到したものである。この批判を受けてNHKは番組製作スタッフに対して査問会を実施したが，番組プロデューサーは査問委員に対して「あなた方は（そのような行為を）したことがないのですか」と問いかけると，査問委員は全員答えに窮したという。

　実際のところ，メディアに限らず「やらせ」行為自体かつてはありふれたものであったし，社会的にある程度まで許容されていたものであった。「やらせ」は積極的に肯定されるものではないが否定されるものではなく，予定調和の世界における必要悪であったといえる。先のメディアの例を挙げれば，テレビは演出という名の「やらせ」をするものであり，視聴者はそのことを前提として視聴していた。しかしながら昨今，このような「やらせ」行為自体ももはや許容されなくなりつつあることは，本書の多くの論文において指摘されていることである。

　本研究は，政治学・経済学など多数の分野にまたがる学際的研究による研究成果である。分野横断型の研究会であるにもかかわらず，活発な議論が繰り広げられ，メンバーそれぞれの研究にも大きな刺激となったように思う。編集の停頓にもかかわらず，科学研究費基盤研究「公共政策決定過程における「やらせ」の発生要因の研究」の共同の成果として，さらに日本を代表する研究者から新進気鋭の研究者までを加えた陣容で本書を世に問うことができる時間の恵みに感謝する。この難題に格闘を挑んだ執筆者諸氏に謝意を表したい。

　またこの出版に際し，ともすれば遅れがちであった執筆・編集作業を温かい目で励まし見守っていただいた，ミネルヴァ書房編集部浅井久仁人氏にも謝意を示したく思う。

　　　　　　　　　　　　　　　　　　　　　　　　　　　　編　者

人名索引

ア行
麻生太郎　47, 55
安倍晋三　43, 51, 52, 53, 57, 59
甘利明　55
石原慎太郎　22
大山耕輔　112
オキモト, D.　111
小沢一郎　48
オズボーン, G.　45, 46
オバマ, B.　30
オランド, F.　59

カ行
カーター, J.　27
カーン, A. Q.　34
菅直人　47, 49
キャメロン, D.　43, 57
黒田東彦　52
小泉純一郎　47
ゴッフマン, E.　67, 91

サ行
佐藤栄作　22
サミュエルズ, R.　111, 118
ジョンソン, C.　109
ジョンソン, L. B.　22
新藤宗幸　111

スキャンロン, T.　80

タ行
谷垣禎一　49, 51
ド・ゴール, C.　20
トンプソン, L. A.　86, 91

ナ・ハ行
野田佳彦　47, 50, 51, 57
ハイゼンベルグ, W. K.　70
鳩山由紀夫　47, 49, 170
潘基文　164
福田康夫　47
フーコー, M.　69
ブッシュ, G. W.　34, 37
ブラウン, G.　44
ヘイリー, J.　112

マ・ヤ行
メルケル, A.　59
与謝野馨　50

ラ・ワ行
レンツィ, M.　59
ワイズマン, F.　72
脇山俊　111

事項索引

A-Z

CIS 諸国における選挙や住民投票における国際選挙監視の原則に関する宣言　151
CIS 諸国における民主的選挙，選挙の権利及び自由に関する規約　151
CIS 選挙監視団　152
Climate Action Tracker　177
CTBT　27
EAMs（Election Assessment Missions）　148
EET（Election Expert Team）　148
EU 域内排出量取引制度　169
G7伊勢志摩サミット　6
LEOM（Limited Election Observation）　148
LTOs（Long-Term Observations）　148
MAD（Mutual Assured Destruction）　21, 22, 24, 27
MTCR　36
NAM（Needs Assessment Mission）　148
NPO　13
NPT　18, 22, 25, 30, 31
NPT 再検討会議　18, 30, 31, 38
NPT 体制（レジーム）　18, 23, 26
NSG　36
OSCE 選挙監視団　152
PTBT　20, 21
STOs（Short-Term Observations）　148
WMD（Weapons of Mass Destruction）　35, 37

ア行

アベノミクス　52
暗黙知　3
暗黙の了解　90
異次元の金融政策　51
維新の党　57
一億総活躍社会　58
一度きりのゲーム　12
炉辺談話　3
インターネット　5
インテグリティ（高潔性）　12
ウィーンの東（East of Vienna）　150
裏づけの陰謀　93
えぬN番目国（Nth country）　20, 22, 33
エネルギー・環境会議　172, 173
エネルギー基本計画　172, 175
エンターテインメント　99
欧州安全保障協力機構　142
欧州議会（EP）　144
欧州審議会　146
欧州連合（EU）　165

カ行

「革新的エネルギー・環境戦略」　173
核の傘（拡大抑止）　22
核不拡散条約　→ NPT
核不拡散レジーム　23, 24, 30
核抑止力　20
閣僚級会合　147
括弧の使用　93
カンクン合意　161
観衆　2, 9-14
観測問題　71, 73
完備情報　10, 13
関与能力　68
官僚規制論　106, 109, 115
官僚優位論　106, 109
危機管理レジーム　21
気候変動ガバナンス　165
気候変動に関する政府間パネル（IPCC）　162
気候変動問題　161
基礎フレーム　91
北大西洋条約機構（NATO）　144
北朝鮮　2
決まり事　91
キャップ＆トレード　171, 172
共産党　57
行政指導　106, 107, 108
京都議定書　161
京都議定書目標達成計画　166

協力者　2
クールアース推進機構　166
クライエンテリズム　124
グリーン気候基金　164
繰り返しゲーム　12
グローバル・ガバナンス　165
黒田バズーカ　56
経団連　177, 179
玄海原発　5-6, 10-14
原子力供給国グループ（NSG）　24, 35
行為主体的自由　82
合理性　68, 69
ゴーストライター　3
国際人権規約　143
国際連合　143
国連気候変動枠組み条約　161
固定価格買取制度　169
コペンハーゲン合意　163

サ行

再検討会議　29
最小限抑止　34
三党合意　51, 57
時間逓減制　11
支持の調達　2
市場規制論　107, 112, 113, 114
自民党　125, 129
自民党税制調査会　54
社会的選択関数　77
社会保障と税の一体改革　49, 50, 53
社民党　57
自由権規約　143
集合行為（collective action）　114
集合行為の問題　116, 117, 119
集団的自衛権　56
銃風事件　8-9, 11, 14
消極的保証（negative assurance）　25
小選挙区制　125
小選挙区比例代表並立制　123, 129, 133, 136, 137
政権交代　14
政策金融　125, 126
政策金融機関　124-129, 137

成長戦略　53, 55
政府関係機関　129
政府系金融機関　124
政府税制調査会　54
石炭火力　177
セクター別アプローチ　169
積極的保証（positive assurance）　25
攻めの地球温暖化外交戦略　175
選挙　142
選挙監視　143
選挙監視団　139
選挙監視メカニズム　142
選挙制度　124, 125, 137, 138
選挙専門家チーム　→ EET
選挙評価使節団　→ EAMs
相互確認破壊　→ MAD
相互核抑止の体系　20
相互抑止　24

タ行

第5次評価報告書　164, 180
大使級定期会合　147
第4次環境基本計画　172
大量破壊兵器　→ WMD
タウンミーティング　4-5, 10-14
他者介入　74
縦の拡散　27, 29
短期的監視　→ STOs
地球温暖化対策基本法案　169
地球温暖化対策推進法　166
地球温暖化対策推進本部　166
地球温暖化対策税　169
地球温暖化対策に関する選択肢　173
地球温暖化対策本部　174
地球環境問題　161
中央環境審議会地球環境部会　171, 172, 173, 175
中選挙区　124, 129, 133, 136, 137
長期的監視　→ LTOs
低炭素革命　168
電源構成案　176
東京電力福島第一原子力発電所　172
当日のみの監視　→ LEOM

同盟　11
討論型世論調査　173, 180
ドーハ合意　163
トラテロルコ条約　30

ナ行
内政不干渉原則　143
内部告発　13
2011年議会会期固定法　44, 45, 57
認識共同体（epistemic community）　178
ねじれ国会　48, 50, 51

ハ行
鳩山イニシアティブ　170
バラマキ4K　51
パリ協定　161
パリ憲章　145
ヒエラルキー　11, 14
東ドイツ　7-8
東日本大震災　172
必要性に関する事前調査使節団　→ NAM
比例代表制　125
不拡散レジーム　24
不完備情報　10, 13
部分的核実験禁止条約　→ PTBT
フレーム分析　86, 91
プロの技術　90

プロパガンダ　2
プロレス村　95
ベースロード電源　175
ベルリンの壁崩壊　7-8, 12-14
変形されたもの　91

マ行
マッチメイカー　88
ミサイル技術管理レジーム（MTCR）　25
ミサイル防衛システム（MD）　27
民主主義　3
民主制度・人権事務所　139, 142
民主党政権　5, 49
無気力相撲　3

ヤ行
八百長　3, 12, 86, 93
約束草案　163, 177
やらせ質問　4-5, 7-8
やらせメール　5-7
横の拡散　19, 27

ラ・ワ行
利益誘導政治　124, 128
リマ合意　164
ワルシャワ合意　163

執筆者紹介（執筆順，執筆担当）

宮脇　　昇（みやわき・のぼる，編著者，立命館大学政策科学部）　第1章

山本　武彦（やまもと・たけひこ，早稲田大学名誉教授）　第2章

上久保誠人（かみくぼ・まさと，立命館大学政策科学部）　第3章

後藤　玲子（ごとう・れいこ，編著者，一橋大学経済研究所）　第4章

近藤　　敦（こんどう・あつし，立命館大学政策科学部）　第5章

藤井　禎介（ふじい・ただすけ，立命館大学政策科学部）　第6章

清水　直樹（しみず・なおき，高知県立大学文化学部）　第7章

玉井　雅隆（たまい・まさたか，編著者，立命館大学政策科学部，
　　　　　　京都学園大学経済経営学部）　第8章

横田　匡紀（よこた・まさとし，東京理科大学理工学部）　第9章

「やらせ」の政治経済学
――発見から破綻まで――

2017年3月30日　初版第1刷発行　　　　〈検印省略〉

定価はカバーに
表示しています

編著者　後　藤　玲　子
　　　　玉　井　雅　隆
　　　　宮　脇　　　昇

発行者　杉　田　啓　三

印刷者　中　村　勝　弘

発行所　株式会社　ミネルヴァ書房
　　　　607-8494　京都市山科区日ノ岡堤谷町1
　　　　電話(075)581-5191／振替01020-0-8076

© 後藤・玉井・宮脇ほか，2017　　　中村印刷・新生製本

ISBN978-4-623-07561-4
Printed in Japan

よくわかる行政学 [第2版]

村上 弘・佐藤 満 編著　B5判248頁　本体2800円

●現代社会を幅広く支える行政学を，基本理念をはじめ，行政組織やその運用，重要課題を取り上げつつ，体系的・分野横断的に解説。具体的事例や映画に関するコラムも掲載し，身近な視点からもアプローチ可能。行政に関わる人のみならず，市民社会に生きる様々な人の学びに役立つ，初学者〜中級レベルまで学べる1冊。

よくわかるスポーツマネジメント

柳沢和雄・清水紀宏・中西純司 編著　B5判210頁　本体2400円

●スポーツマネジメントは単に経済的利潤を追求する営みでなく，人々の生活の質的向上を意図する活動であるという立場から編集する。スポーツマネジメントの全体像を俯瞰するとともに，個別のマネジメント領域の実態や諸機能をわかりやすく解説した入門書。

近現代日本における政党支持基盤の形成と変容
―――「憲政常道」から「五十五年体制」へ

手塚雄太 著　A5判192頁　本体3200円

●昭和恐慌期から高度成長初期において，政党および政党所属の代議士が社会とどう関係を構築しようとしてきたのか，利益団体・後援会を中心に考察する。戦前から戦後にかけて，何が変わって何が存続したのか。地方の声を中央でどう反映させたのか。政党政治の崩壊から再生に至る激動の時代の政党と社会の様子を，歴史学と政治学の広い視野から描き出す。

―― ミネルヴァ書房 ――
http://www.minervashobo.co.jp/